성공하는 중국 진출 가이드북

차례
Contents

준비 없는 싸움은 처음부터 하지도 말라

"준비 없는 싸움은 처음부터 하지도 말라."

– 모택동

　모택동의 이 말은 중국 비즈니스와 관련해서, 시종일관 명심해야 할 금언이 아닐 수 없다. "목이 마르고서야 우물을 파는(臨渴掘井)" 식으로는 백전백패할 수밖에 없기 때문이다.
　변화무쌍한 비즈니스의 속성을 빗대 흔히들 "비즈니스는 생물과 같다."고 한다. 중국 관련 비즈니스 또한 이와 다를 바 없다. 아니, 오히려 인치人治에서 법치法治로 변하는 환경을 고려할 때 그 어느 곳보다도 더 변화무쌍한 곳이 중국의 비즈니스 현장이다. 중국 비즈니스 환경은 확고한 비즈니스의 근간, 즉 근본 틀을 제외한 많은 것들이 빠르게 생멸하는 등 변화를 거듭하고 있다.

이러한 점을 고려해볼 때, 중국 관련 비즈니스는 한 그루의 거목을 살피듯 접근해야 한다. 우선 거목의 전체 특징을 파악한 뒤 큰 줄기를 파악하고, 나머지 작은 가지들을 파악하는 것이 필요하다. 작은 가지들(즉, 중국 비즈니스와 관련한 소소한 규칙이나 세칙들)은 수시로 부침을 거듭하지만, 큰 줄기(즉, 의회 제정 법률이나 중앙정부가 제정한 각종 규정들)는 웬만한 풍파에는 끄떡도 하지 않는다. 더욱이 거목 자체(즉, 중국의 근본적 비즈니스 환경)는 천재지변과 같은 특수한 사유가 발생하지 않는 한 그 모습을 유지하기 때문이다.

이와 같은 의미에서 이 책은 중국 관련 비즈니스를 고려하는 사람들이 파악해야 할 최소한의 체크 포인트, 다시 말해 변화무쌍한 비즈니스 환경 속에서도 흔들리지 않는 중국 비즈니스의 가장 기본적이며 핵심적 사항들을 살펴볼 것이다. 더불어 자주 되풀이되며 앞으로도 발생 확률이 높은 주요 사건 사례 또한 살펴볼 것이다.

모쪼록 이 한 권의 책이 중국 비즈니스에 나름대로 기여할 수 있는 작은 가이드북이 되기를 바란다.

쉬어가기－왜 그럴까 중국 비즈니스!?

－ 재중 기업들, 각종 부담에 허덕이는 이유는? －

Q. 중국 진출 외국 기업은, 후술하겠지만, 주로 국유기업을 포함한 중국 기업과의 합영기업 설립이나 중국 기업을 M&A하여 독자기업 형태로 중국에 진출한다. 그런데 이들 외국 기업들은 진출 형태와 무관하게 이후의 운영에 적지 않은 부담을 느끼게 되는데⋯⋯.

A. 중국의 정부기관이나 기업 등과 같은 우리의 직장 개념을 중국에서는 일반적으로 단위單位라고 한다. 그런데 중국의 단위는 우리가 생각하는 그러한 직장 개념과는 매우 다르다. 단위는 주택 분배나 무상의료, 교육 등을 포함한 사원의 거의 모든 생로병사를 돌봐주는 작은 사회이며, 다른 한편 국가를 대신하여 국가의 모든 시책을 명령, 지도하는 역할까지 담당한다. 이러한 까닭에 그동안 중국의 국유기업 등은 만성적 적자에서 헤어나기 힘들었고, 이들과 합영기업을 설립하거나 이들을 M&A하는 외국 기업들도, 이러한 시스템 속에서 움직여야 했기에 적지 않은 부담에 시달려왔다. 이러한 점은 적극적인 외국 투자 유치를 위해 점차 개선되고 있다고 하지만, 이 같은 사회주의 체제의 맹점이 아직도 중국 측과 외국 측 모두에게 큰 부담이 되고 있는 것은 분명한 사실이다.

"나는 나를 하루에 세 번 돌아본다(吾日三省吾身)." (논어)

이하에서 이 책은 중국 비즈니스에서 가장 기본적이고 중요한 핵심 사항을 요약해서 다루고 있다. 하지만 정작 최우선적으로 고려해야 할 사항에 대해서는 다루지 않았다. 너무도 '당연한 것들'이기 때문이다. 그렇다면 그 너무나 당연한 것들은 과연 무엇일까? 그것은 다름 아닌, 중국 비즈니스에 임하려는 자기 자신에 관한 것이다.

즉,

- 나는 왜 중국 비즈니스를 고려하지 않으면 안 되는가?
- 내가 지금 중국에서 취하려는 것은 반드시 중국이 아니면 안 되는가?
- 나는 중국에서(혹은 중국과) 비즈니스를 할 수 있을 만큼 중국을 잘 알고 있는가?
- 중국 비즈니스를 위한 제반 준비는 잘 되어 있는가?
- 중국 비즈니스에 투자할 여력은 충분한가?
- 리스크에 대처할 플랜은 마련되었는가?

중국 진출 전에 '중국으로 가기는 쉽지만 중국에서 철수하기는 쉽지 않다'는 사실을 다시 한번 명심하자.

중국 투자 핵심 포인트

"앞서면 제압하고 처지면 제압된다(先發制人, 後發制于人)."

— 『사기史記』

인구 13억의 중국은 생각만큼 만만치 않다. 전 세계에서 몰려든 기업들이 1위안(한화 135원 정도)을 위해 처절한 각축전을 벌이는 곳이기 때문이다. 그런데 바로 이 점이 중국 비즈니스의 성공을 위해 필수불가결한 철저한 사전 준비의 필요성을 거듭 역설하는 대목이기도 하다.

그럼에도 불구하고 한국 기업들이 중국에서 고난의 가시밭길을 걷는 주된 이유는 우리의 '돈키호테성'에서 비롯된다. 한국인 특유의 '묻지마 투자'가 미소 속에 칼날을 번뜩이는 중국인에게 통할 리가 없기 때문이다.

중국에 진출하려면, 중국 진출 목적을 다시 한 번 상기하며 외국 투자자의 중국 비즈니스와 관련한 제반 사항 및 이에 필요한 진출 후보 지역의 인프라 구축 정도, 물류 문제, 진출 후보지의 우대정책이나 노동력 확보책, 자금 조달책 그리고 진출 시기와 관계 법령에 대해 어느 정도 파악해둘 필요가 있다.

대중 한국인 투자의 기본 포인트

중국의 주된 기업 형태

국유기업

'전인민소유제기업'이라고도 불리는 국유기업은 생산 수단을 국가가 소유하는 기업 형태를 의미한다. 국유기업이니만큼, 그 설립 및 운영 주체는 중앙정부나 지방정부, 혹은 정부 각 기관의 특정 부서 등이다. 국유기업은 외국인 투자자가 중국 측 파트너와 함께 출자 설립한 합영기업(합자 및 합작기업의 총칭, 이하 합영기업) 및 M&A의 주된 대상이 된다.

집단기업

'집단소유제기업'이라고도 불리는 집단기업은 국유기업과는 달리, 생산 수단을 특정 집단이 소유하는 기업 형태를 의미한다. 주로 농촌 지역이나 도시 외곽에 소유하고 있는 자산을 공동으로 투자, 설립하는 기업이다. 흔히 향진기업郷鎮企業이라 불리는 기업 형태가 대표적이다. 향진기업은 비 국유, 비 국영 기업이기는 하지만 공산당 조직에서 경영진이 파견되거나 혹은 향진기업 스스로 지방정부 산하의 기업으로 편입되기를 원하는 등, 사실상 정부 당국이나 공산당과 매우 밀접한 관계에 있다.

민간 사영기업

생산 수단을 개인이 소유하는 기업 형태로 자본주의 사회의 일반 민간기업에 해당하는 기업이다. 그 형태나 운영 모습 등도 우리 사회의 그것과 거의 다를 바가 없다.

외국 투자 기업

흔히 '외자기업外資企業' 혹은 '3자기업三資企業'이라 불리는, 외국인이 투자한 기업 형태를 의미한다. 중국 측 파트너와 함께 출자한 합자기업, 합작기업과 100% 외국 자본이 투여된 독자기업으로 중국에서 외국인 투자자에게 허가된 대표적인 기업 형태이다. 이들 외자기업(협의의 외자기업은 독자기업을 의미하기도 함)에 대해서는 뒤에 좀 더 자세히 살펴보도록 하자.

중국에서 가능한 외국인 투자 방식[1]

중국 당국이 허용하는 외국인 투자 방식은 현금 출자, 현물 출자 그리고 지적재산권 등을 포함한 첨단기술 출자 등이 있다.

현금 출자는 반드시 자신이 소유한 현금만 가능하다. 예를 들어 합영기업을 설립, 그 신설된 기업 명의로 대출받아 재투자하는 등의 방식은 허용하지 않는다는 뜻이다. 현물 출자 역시 자기 소유의 현물만 가능하며, 담보 설정된 현물은 출자가 불가능하다. 첨단기술 등의 출자는 중국에서 필요로 하는 첨단기술에 한하며, 따라서 출자 시에는 중국 당국의 검사 및 승인이 필요하다.

대중 한국인 투자의 주요 형태

대중국 투자에 있어 투자 방법은 그 성패에 적지 않은 영향을 미친다. 이에 따라 투자 목적(내수시장 진출 혹은 저렴한 생산력 확보 등)을 고려, 합영기업과 독자기업의 주요 장단점을 면밀히 비교 검토한 뒤 자신에게 최적의 출자 방법을 취하도록 노력해야 한다.[2]

합자기업

합자기업은 우리가 흔히 말하는 '조인트 벤처기업(Joint Venture Corporation)'으로, 외국 투자자가 중국 내 판로와 영업허가 등의 상권을 보유한 중국 기업과 공동으로 출자하여 유한회사를 설립, 경영하는 기업 형태를 의미한다. 이는 현재까지 중국 내에 등록된 외국 투자 기업 가운데 40%를 웃돌 만큼 널리 선호되는 투자 방식이다.

합자기업은 특히 중국을 생산 기지 건설이 아닌, 중국 시장 진출의 교두보로 삼는 기업들이 우선적으로 고려해볼 만하다.

중국 내 동종업계에 종사하는 기존 중국 기업과 공동 출자함으로써, 이들 중국 측 파트너가 지닌 기존의 생산 시설이나 원자재 구입, 유통망 및 동종업계의 기존 인프라를 그대로 활용할 수 있기 때문이다. 이와 같은 합자기업의 주요 특징은 다음과 같다.

a. 중외 양국의 공동 투자

    양측이 각각 현금, 현물, 기술 등을 출자, 그 출자액에 따라 지분을 배분

b. 중외 양국 지분에 따른 공동 운영

    양측이 공동으로 동사회董事會(이사회에 해당)를 구성, 그 결정을 총경리總經理(사장이나 공장장 등에 해당) 등의 책임하에 일상적으로 운영

c. 중외 양국 지분에 따른 공동 손익, 공동 부담

    양측은 각 출자분에 따른 만큼의 공동 손익과 각 출자분에 해당하는 리스크를 분담

합작기업

외국 투자자와 중국 투자자의 공동 투자라는 점은 합자기업과 동일하다. 그러나 합자기업에서는 양측의 권리 의무가 출자율에 따라 자동으로 배분되는 것과 달리 합작기업은 지분율과는 별도로 양측 투자자들의 합의, 즉 '계약(contract)'에 따라 권리와 의무를 정할 수 있다. 다시 말해 양측 당사자가 6:4의 비율로 출자했지만, 이와는 관계없이 회사 운영이나 책임

및 의무 비율을 5:5로 정하기로 합의했으면 그 합의대로 책임 및 의무를 지게 되는 것이다. 그래서 합작기업은 혈연이나 친분이 두터운 화교들이 소규모 파트너십을 결성, 서비스업에 종사하는 경우나 단순한 특정 투자 건으로 토지를 이용하게 해주는 등의 일부 형태에서 주로 나타난다. 다시 말해 한국 기업을 포함한 일반 외국 기업들은 별로 선호하지 않는 방식이다. 합작기업의 주요 특징으로는 다음과 같은 것이 있다.

a. 계약에 의한 권리 의무의 설정

양측의 출자액과는 무관하게 손익과 부담이 양측의 계약에 의해 정해진다.

b. 기업 형태의 유연함

합작기업은 법인격을 갖추지 않은 연합 경영체의 형태로도 운영이 가능하다. 따라서 동사회를 구성하지 않고 운영위원회 등에서 편리하게 운영할 수 있으며 제3자에게 운영을 위임할 수도 있다.

c. 투자 자본의 조기 회수 가능

외국 투자자가 투자 자본의 조기 회수를 원할 때는 중국측과 별도로 계약, 이를 실현할 수 있다.

독자기업

일반적으로 외자기업, 독자기업 혹은 외국 기업이라고도 불리는, 중국 측 파트너 없이 100% 외국 투자자의 자본으로 설립된 기업 형태이다. 독자 투자 방식은 100% 자기 자본이므로 파트너의 경영 간섭이나 의견 대립 등의 우려 없이, 독자적인 경영이 가능하다. 이에 따라 일의 추진이 빠르며 내부에서의 각종 마찰이 적다. 반면 단독 투자이므로 제반 손실과 원자재 구매나 유통망 개척 등의 비즈니스 리스크를 모두 외국 투자자가 부담해야 하는 난점도 있다. 한편 합영기업과는 달리 독자기업의 업종과 그 설립에 있어서는 다양한 제약이 가해지고 있으므로 독자기업을 설립하려 할 때는 이러한 점들에 대해서도 꼼꼼하게 살펴봐야 한다.

중국의 외국 투자 관련 주요 기관

중국에서 기업 등을 설립하기 위해서는 몇 군데 관련 부서에 허가를 신청하는 것부터 시작된다. 신청 주체는 신청할 항목에 따라 다른데, 예를 들면 기술 제휴나 무역 등에 관해서는 중국 측 파트너가, 독자기업 설립이나 상표 등록 등에 관해서는 외국 투자자가 직접 신청하는 것이 일반적이다.

아울러 중국은 「외상투자산업지도목록」(1998)을 통해 중국에 진출하려는 업종을 '권장 업종' '제한 갑류(과잉 업종)' '제한 을류(국가 통제 업종)' '금지 업종'의 네 가지로 분류하고 있다.[3] 그런데 제한 을류에 해당하는 업종은 허가 결정권이 지방정부에 있을 법한 작은 투자 건이라도 반드시 중앙정부가 사전 심사하도록 되어 있으므로 주의를 요한다. 더러 해당 지방정부가 투자 유치만을 위해 이를 무시하여 결과적으로 외국 투자자만 낭패를 보는 경우가 있기 때문이다.

한편 최근에는 적극적 투자 유치의 일환으로 이들 관련 부서를 한군데에 모아 단기간에 쉽게 해결하도록 하는 '원 스톱 솔루션One stop Solution' 방식이 널리 퍼지고 있어 기업 설립에 대한 수고를 덜어주고 있다. 외국 투자 기업과 관련, 한 번쯤 들러야 하는 주요 관계 부서로는 대략 다음과 같은 곳들이 있다.

상무부(구 대외무역경제합작부)

기업의 설립 인가나 청산 인가, 혹은 기술 도입 계약 신청 등과 같이 주로 기업의 각종 인·허가와 신청에 관한 업무를 담당하는 부서이다. 상무부는 구 대외무역경제합작부와 다른 부서들을 통합, 신설한 곳이다. 그렇지만 지역에 따라서는 상무부 산하의 상무국과 대외무역경제합작부 산하의 대외경제무역위원회가 혼용되고 있는 등 아직까지는 명칭상의 혼란을 빚고 있다.

공상행정관리국

법인 등기나 사업소 등기 신청 및 수리 등, 주로 등기나 영업 허가증의 발행을 관할하는 곳이다.

토지관리국 및 건물관리국

주로 토지 및 건물의 사용에 관한 업무를 담당한다.

노동관리국

근로자의 채용부터 각종 복지 및 해고, 공회工會(노동조합에 해당) 등에 관한 전반적 업무를 담당한다.

외환관리국

외화의 도입 및 이윤 송금 등, 외환 업무를 담당한다.

수출입상품검사국

원자재나 기자재, 그리고 생산된 물품의 수출입에 관련된 업무를 담당한다.

세관

수출입 통관 및 관세에 관한 업무를 담당한다.

쉬어가기 ─ 왜 그럴까 중국 비즈니스!?

－ 합영기업이 적자인데 고배당을 요구하는 이유? －

Q. 중국의 한 향진기업과 합영기업을 설립한 외국 기업 A사. 영업 실적 부진으로 적자 행진인데 중국 측 파트너는 이에 아랑곳 않고 매년 적어도 시중은행의 이자율만큼의 투자 배당을 요구하는데…….

A. 중국 각지에는 이전부터 '허구(合股) 경영'이라는 중국 특유의 경영 방식이 있었다. 이는 서로 잘 알며 신뢰할 수 있는 혈연, 지연으로 이뤄진 사람들이 공동 출자, 균일가

로 분할된 주식을 나눠 가진 뒤 일정 기간 사업하는 형태식이라 할 수 있다. 그렇지만 그들은 라오빤(老板)이라 불리는 대표이사에게 경영을 위임하면서, 일반 주식회사와는 달리 경영에 대한 무한책임을 지운다. 아울러 자신의 허구, 즉 주식을 매매, 양도할 수 없었는데 그 대신 허구 경영의 수익 여부와는 무관하게 매년 어느 정도의 투자에 대한 이익(官利)과 이윤 발생 시의 배당금(紅利)을 받을 수가 있었다. 본 케이스의 중국 측 파트너인 향진기업은 바로 위와 같은 허구 경영적 사고에서 벗어나지 못한 채, 투자액에 따른 정당한(?) 투자 이익을 요구하고 있는 것이다. 결국 이는 자본주의 사회에서의 주식회사를 아직 채 이해하지 못하여 비롯된 갈등이라 할 것이다.

중국으로의 주요 진출 지역

중국으로 진출하는 외국 기업의 주된 지역은 현재까지는 다음과 같이 네 군데로 정리할 수 있다.

1. 화북華北지역: 천진이나 대련 등에는 한국 기업들이 밀집한 한국공업단지가 조성되어 있다. 그 외 대련 등에는 일본공업단지도 있어 인프라 등의 제반 시설이 잘 갖춰져 있다. 물류나 유통업 등도 많이 진출한다.

2. 화동華東지역: 중국 최대 상업 도시인 상하이를 포함, 주변에 곤산·소주·가흥공업단지 등이 밀집되어 있다. 제조업이나 서비스업 등의 분야에서 많이 진출한다.

3. 화남華南지역: 홍콩을 거점으로 인근의 광동성에 공장을 설립, 가공·조립하여 홍콩을 경유, 재수출하는 위탁가공무역업종이 많다. 대만과의 관계가 깊은 기업도 많이 진출한다.

4. 기타 지역: 최근에는 앞서 언급한 연해지역에서 내륙으로 들어간 지역들로도 많이 진출하고 있다.

중국 투자 단계별 핵심 포인트

중국에서 회사를 설립할 때는 다음과 같은 설립 과정(편의상의 구분임)에 맞춘 단계별 주요 핵심 포인트를 체크하며 진행할 필요가 있다.

진출 준비 단계: 파트너, 투자 형태, 투자 지역 선정 등
↓
진출 착수 단계: 투자 의향서 - 계약 체결 등
↓
회사 설립 단계: 회사 설비 준비 및 근로자 채용 등
↓
일상 거래 단계: 노무 관리, 채권 및 미수금 회수 등
↓
철수 고려 단계: 경영 재건 옵션, 청산 및 파산 등

중국 진출 준비 단계의 핵심 포인트

이 단계에서 가장 중요한 체크 포인트는 투자 파트너, 투자 형태 그리고 투자 지역 선정 등이다.

투자 파트너 부문

중국의 내수시장을 목표로 중국에 진출할 때는, 일차적으로 중국 내 동종업계 종사자와 함께 합영기업의 설립을 고려해볼 필요가 있다. 어느 정도의 유통망과 내수시장에서의 경험, 인맥 등을 두루 갖추고 있는 중국 측 파트너를 잘 만난다면, "시작이 좋으면 절반은 성공"이 될 수 있기 때문이다. 다시 말해,

합영기업의 설립과 운영에는 중국 측 파트너가 매우 중요한 요소이다. 중국 비즈니스에 있어 훌륭한 파트너와의 만남은 중국 진출 수단이 아니라 최종 목적이라고 일컬어질 만큼 중요하다. 따라서 파트너의 선정은 신중에 신중을 기해야 한다. 오랫동안 잘 알고 지냈다고 해서 진출 업종에 문외한인 사람을 중국 측 파트너로 삼는 일은 재고하는 것이 바람직하다. 이로 인해 결국 좋았던 관계도 깨지는 것은 물론 불화로 이어지는 경우도 적지 않기 때문이다.

그렇다면 파트너 선정은 어떻게 하면 좋을까? 파트너가 될 만한 중국 측 사람을 찾기 어려우면, 일단 각종 투자 유치 상담회나 동종업계의 전시회 등에 참가하여 찾는 방법이 있다. 그것이 여의치 않으면 다양한 기업 정보를 제공하는 곳에서 파트너가 될 만한 기업에 관한 대략적인 자료를 구할 수도 있다.

파트너 후보(가급적 복수의 후보)[4]를 확보하게 되면, 이번에는 이들에 대한 세밀한 기업 조사 등을 실시해야 한다. 중국에는 기업 정보 조사를 대행하는 곳이 있으므로 이들에게 선정된 파트너 후보 기업에 대한 조사를 의뢰하는 것도 고려해볼 만하다. 아울러 더욱 철저한 조사를 위해서는 "중국에서 비즈니스로 성공하려면 구두 세 켤레 이상은 닳도록 다녀야 한다"는 말처럼, 스스로가 발품을 팔아야 한다. 즉, 공상행정관리국에 가서 파트너 후보 기업의 재무제표나 이사회 구성 등과 관련된 서류를, 세무국에서 파트너 기업이 제출한 연도별 자산부채표나 손익계산서 등의 회계 서류를, 국유재산 관리국에서 파트너 기업의 토지 사용권 내력 등에 대해 조사, 검토할 필요가 있다는 것이다.

한편 이들 서류를 검토할 때는 그곳에 기재된 수치를 곧이 곧대로 받아들이지 않도록 주의해야 한다. 중국에서는 기업 규모 평가 시, 고용 인원이나 고정 자산 등을 주요 기준으로 삼고 있으므로 이들 서류는 다양한 방법으로 과장됐을 수 있기 때문이다. 따라서 파트너 후보가 선정된 다음에는 위와 같은 기본적 조사, 검토 외에 반드시 직접 해당 기업을 찾아가 현지를 꼼꼼히 실사할 필요가 있다.

파트너와 관련, 한국에서 중국으로 사람을 파견할 때는(즉, 중국 측에서 볼 때 우리 측 파트너로서는) 가능한 한 강한 인내심과 리더십, 불굴의 의지를 지녔으면서도 사교적인 사람을 보내도록 하자. 너무 지나치게 중국에 위압적이거나 끌려 다니지 않고, 잘 협력하는 가운데서도 조급하지 않게 시간을 다스릴 수 있는 사람이 중국의 비즈니스 환경에 적합하며 성공할 가능성이 높기 때문이다.

투자 형태 부문

외국 투자자는 일반적으로 3자기업의 형태로 중국에 진출하고 있음은 전술한 바와 같다. 그런데 중국에 특별한 연고가 없고, 또한 중국에 대한 아직 이렇다 할 검증도 없으며 더욱이 마땅한 거점조차 마련되지 않은 상태에서 바로 막대한 자본을 들여 기업을 설립한다는 것은 무모한 일이다. 따라서 본격적으로 법인 형태의 기업을 설립하기 전에, 가능한 한 주재원 사무소 등의 좀 더 부담이 적은 형태로 중국 현지에 거점을 확보한 뒤, 단계적으로 진출하는 방법도 고려할 필요가 있다.

실제로 많은 일본 기업의 경우, 중국 진출 리스크를 최소화하기 위해 본격적 법인 설립의 전초기지로 일본에 본사를 두고 중국에는 판사처(주재원 사무소의 성격)나 자회사 혹은 분공사分公司(지점이나 지사의 성격)를 설치하는 방식을 택하고 있다. 그곳에서 본격적인 진출에 필요한 각종 정보 수집과 시장 조사 및 현지 실사 등을 진행하는 것이다.

a. 판사처(혹은 대표처)

단독법인이 아닌 지사의 한 형태로 우리의 주재원 사무소, 연락 사무소와 유사하다. 비교적 간편하게 설립할 수 있지만 그런 만큼 영업 활동이나 계약 체결 등의 실제적 영리 활동에 제약이 따른다. 일반적으로 내수시장 개척이나 시장 조사, 정보 수집, 본사 제품 광고 및 매매 중계, 중국 측과 본사와의 연락 업무나 본사 업무 지원 등의 활동 등을 행한다.

b. 자회사

중국 내의 내수 진작 및 시장 개척 등을 위해 이미 설립한 합영기업이나 독자기업의 자회사를 설립할 수 있다. 하지만 이와 같은 자회사를 설립하기 위해서는 모회사의 규모나 일정액 이상의 대규모 투자 실적, 이익 계상 여부 등의 여러 가지 조건을 충족해야 하므로 아직까지는 쉽지 않다.

c. 분공사

독립적 법인이 아닌 분점의 한 형태라는 점에서는 판사처와 같지만 영업 활동이 가능하다는 점에서는 판사처와 다르다. 즉, 분공사는 업무 연락 외에도 제품 판매나 원자재 구매 등의 계약 행위도 가능하며 분공사 자신의 명의로 영수증이나 계산서의 발급도 가능하다. 이와 같은 특징으로 인해 전술한 세 가지 형태 중 실질적으로 가장 선호되고 있다. 물론 분공사의 영업 범위는 본사의 경영 범위 이내로 한정된다.

투자 지역 선정 부문

중국 진출 시 적합한 투자 지역의 선정은 투자 파트너의 선정 못지않게 중요하다. 전통적으로 지방분권적 사회인 중국은 아직도 각 지역별로 특성에 맞는 독특한 제도와 지방 법규, 규제 등을 갖고 있으며 각 지역이 고유한 '제후경제권'이라 불릴 만큼 두터운 유·무형의 배타적 무역장벽으로 지역보호주의를 실시하고 있기 때문이다. 이에 따라 진출 지역을 선정할 때는 해당 지역 관할 정부의 각종 우대 정책을 포함, 각종 인프라 측면, 노동력 측면, 전력이나 수력 등의 에너지 공급 측면, 그 지역 특유의 관습이나 전통 측면, 물류 측면 등도 면밀히 조사하여 가장 적합한 곳을 선정해야 한다.

중국 진출 착수 단계의 핵심 포인트

이 단계에서는 법인 설립을 위한 일반적 투자 절차에 맞춰 투자 의향서(협의서) → 투자 프로젝트 건의서(외자기업 설립 보고서) → 사업 타당성 검토 보고서 → 계약 체결 및 성관 작성 → 설립 등기 신청 등의 순으로 필요한 체크 포인트를 알아보자.

투자 의향서(협의서)

파트너와 투자 형태 등이 결정되면, 외국 투자자와 중국 측 파트너는 본격적으로 투자 사업의 실현을 위해 협의한다. 이때 합영사업과 관련, 양측 사이에서 오고간 주요한 내용을 정리한 문서가 바로 투자 의향서(혹은 협의서)이다. 즉, 투자 의향서란 합영사업에 관한 전반적이고 개괄적인 주요 내용을 협의, 수록한 문서이다. 향후에 있을 계약서 작성 등을 위한 기본 원칙과 토대를 정한 것이지만, 정해진 서식이나 반드시 규정해야 할 기재 요건 등도 없다. 다만 양측이 중요하다고 생각되는 내용을 제기, 작성하고 서명하면 된다. 작성상의 특별 요건이 없는 만큼 의향서에는 법적 구속력도 없다.

한편 중국 파트너는 본 투자 의향서를 중국의 인허가 당국에 제출, 예비 허가 신청의 근거로 삼아야 한다. 투자 의향서는 바로 이와 같은 점에서 중국 측 파트너에게는 절대적으로 필요한 서류이다. 외국인이 독자기업을 설립할 때는 투자 의향서를 단독으로 작성, 법인 설립 예정지 관할 당국의 주무부서와 체결하면 된다.

투자 프로젝트 건의서(외자기업 설립 보고서)

투자 의향서를 작성한 다음에 합영기업의 경우, 중국 측 파트너가 투자 제안서 혹은 투자 프로젝트 건의서(目建議書)를 작성, 해당 행정 감독 기관에 제출, 합영사업에 대한 1차 심사를 받아야 한다. 그곳에서 1차 허가를 받으면 다음에는 투자 허가 기관에 예비 허가를 신청하게 된다. 독자기업일 경우에는 외국 투자자(혹은 위임받은 중국 대리인)가 투자 허가 기관에 외자기업 설립 신청서를 작성, 예비 허가를 신청한다.

한편 투자 프로젝트 건의서와 외자기업 설립 신청서는 앞 단계의 투자 의향서의 내용을 더 보완하고 구체화한 문서이긴 하지만, 역시 정형화된 양식은 없다. 기재 내용으로 사업 명칭, 기업 설립 목적, 합영 현황, 외국 투자자 현황, 합영(혹은 독자) 사업 내용, 기술 및 설비 도입 방안, 생산 방법, 판매 방법, 내수와 수출 방법 등과 사업 추진 일정 등을 적으면 무방하다. 특정 양식이나 기재 요건 등이 없는 만큼, 이 역시 법적 구속력이 없다. 하지만 그렇다고 이들 서류 작성을 소홀히 해선 안 된다. 이들의 내용이 전 단계의 투자 의향서 내용과 큰 차이가 있으면 예비 허가 단계에서 불필요한 정신적, 시간적 낭비가 야기될 수 있기 때문이다.

사업 타당성 검토 보고서(Feasibility Study)

투자 제안서와 외자기업 설립 신청서를 제출, 예비 허가를 얻게 되면 이번에는 공상행정관리국에서 설립할 기업 명칭을 신청, 허가를 받은 뒤 정식 허가를 위한 준비 작업에 들어간다. 정식 허가를 위해서는 중국의 투자 허가 기관에 제출할 사업 타당성 검토 보고서(가행성 연구 보고서라고도 함)를 작성해야 한다. 동 보고서도 관할 기관에서 요구하는 정형화된 양식은 없지만(따라서 법적 구속력도 없다), 일반적으로 합영(독자) 기업 명칭, 합영 당사자들, 투자 방식과 자본금 현황, 차입금 계획, 그리고 시장 상황 및 기업 규모, 판매·생산 방법, 원자재 및 설비 조달 계획, 생산 조직 구성 및 인건비 계획, 환경 보호 및 예방 관리 계획, 재무 예측 및 분석, 영업 계획 등을 총망라한 일종의 청사진 형식으로 작성하면 된다. 하지만 허가 당국은 동 보고서를 근거로 정식 허가 여부를 결정하므로 사업 타당성 검토 보고서는 신중하게 작성해야 한다. 아울러 이것을 토대로 지역 사회에 대한 직·간접적 기여도, 투자 사업의 채산성, 외화 가득률 창출 정도, 차입금 비율, 원자재 사용 및 에너지 소모 정도, 공해 배출 등을 종합적으로 심사, 판단하므로 위 요소들과 관련된, 허가에 유리하게 작용할 만한 합리적이며 과학적 첨부 서류 등이 있으면 함께 제출하는 것도 좋을 것이다.

한편 동 보고서는 중국어로 작성되기 때문에 합영기업의 경우, 주로 중국 측 파트너가 작성하는 경우가 일반적이다. 이때 중국 측은 동 보고서를 자신들에게 유리하게 작성할 수 있으므로 외국 투자자 측도 작성된 그 내용을 면밀히 검토해야 한다. 동 보고서가 작성되면 그 다음으로는 투자 쌍방의 협의하에 법적 구속력을 지닌 계약서와 정관을 작성, 정식 허가를 신청하게 된다.

계약 체결 및 정관 작성

계약서(중국어로는 合同)는 기업 설립 및 경영에 관한 제반 내용에 대해 쌍방이 합의한 내용을 기재한 법률 문서이다. 하지만 중국 비즈니스 일선에서는 아직까지도 '계약은 종이 쪽지일 뿐이다' '체결하라니 체결하지만 파기쯤이야……'라는 생각을 가지고 있는 등 계약 관념이 매우 희박한 실정이다. 실제로 정해진 법과 규칙에 따라 계약서를 체결, 비즈니스를 시작해도 일을 하는 동안 새로운 규칙 등이 제정되어 비즈니스의 방향이 바뀌는 등의 예측 불가한 사태가 발생하기도 한다. 하지만 그렇다고 이와 같은 상황에 너무 휩쓸려서는 안 된다. 그래도 최후의 보루는 결국 적법한 계약서이기 때문이다.

중국의 「중외합작합자경영기업법」에는 계약서와 정관에 기재되어야 할 항목들이 규정되어 있으나, 외국 투자가가 100% 출자, 설립하는 독자기업은 작성하지 않아도 된다. 계약서는 법적 효력을 지닌 문서이므로 심사숙고하여 작성해야 한다. 아울러 가능한 한 앞서 작성한 투자 의향서나 투자 건의서 등과 내용상 충돌하지 않도록 작성할 필요가 있다. 만약 상충되는 내용이 있으면 당연히 계약서 내용을 따르게 된다.

계약서는 일반적으로 중국어와 한국어로 각각 2부씩 작성, 양측이 보관한다. 이때 한국어와 중국어의 내용상 미묘한 차이가 발생하면 사실상 중국어 계약서에 의존, 해석하게 되므로 계약서 작성 시 번역상의 차이가 생기지 않도록 세심한 주의를 요한다.

한편 중국에도 업종별로 정형화된 계약서 양식이 있어 중국 측 파트너는 이를 사용하려 할 수 있다. 하지만 이러한 양식은 중국 측 권익에 더 치중되어 있을 수 있다. 그러므로 쌍방은 각각 원하는 내용의 계약서를 먼저 작성한 뒤 이를 토대로 쌍방의 협의를 거쳐, 최종 합의된 내용을 정식 계약서로 작성하는 방법이 바람직하다. 세세하고 꼼꼼한 계약서 작성은 상대방에 대한 불신 차원이 아닌, 불필요한 마찰 방지를 위한 비즈니스의 기본이므로 유비무환의 자세로 냉정히 임해야 한다(계약서에 기재될 내용 등에 대해서는 시판되고 있는 많은 참고 서적을 참조).

한편 계약서 작성과 관련, 만일의 경우를 대비하여 반드시 '데드락 조항'(Deadlock Clause, 해산의 조건)을 규정하도록 하자. 데드락 조항이란 기업 운영이 더 이상 불가능하여 철수할 때의 조건을 미리 규정한 것으로, 경영 기간 만료나 큰 결손으로 경영 지속이 불가능해졌을 때, 자연재해나 불가항력적인 재난을 당했을 때, 그리고 계약이나 정관에 규정된 해산의 원인이 실현되었을 때 등이 이에 해당된다.

그런데 여기서 중요한 것은 마지막의 "계약이나 정관에 규정된 해산의 원인이 실현되었을 때"라는 항목이다. 기업의 해산에는 동사회의 만장일치가 필요한데, 위와 같은 표현(실제로 많이 규정하고 있다)은 너무 광범위하고 애매하여 만장일치를 얻기가 쉽지 않기 때문이다. 따라서 이 표현보다는 "누적 적자 금액이 자본금의 절반을 넘었을 때" "각 파트너의 출자 지분을 규정 기간 내에 조달하지 못했을 때"와 같이 더욱 구체적이고 실제적인 표현으로 규정할 필요가 있는 것이다.

한편 쌍방합의에 의한 최종 계약서가 작성되면, 다음으로는 정관(중국어로는 章程)을 작성하여 다른 필요 서류들과 함께 정식 허가를 신청한다. 정관은 그 기본 성격과 기재되는 내용이 한국의 일반 기업 정관과 거의 다를 바 없다. 다만 만일을 위해 이사회의 운영 규칙, 이사회 성립을 위한 정족수 산정 기준, 위임장을 제출하지 않은 이사의 처우 등에 관한 규칙, 중국 측의 동사장과 동사(즉, 이사)가 권한 집행을 거부한 경우의 대책, 동사회 의사록에 대한 서명, 그 보존, 취급, 수속, 통역 선정 규칙과 같은 사항은 미리 잘 규정하도록 신경 쓸 필요가 있다.

정식 투자 허가 신청

이상과 같이, 계약도 체결하고 정관도 작성한 뒤 필요 서류를 구비한 다음에는 이를 인허가 담당 기관에 제출, 설립 비준을 받는다. 비준증서가 나오면 취득 30일 이내에 관할 공상행정관리국에 설립 신청을 하고 영업 허가증(營業執照)을 받는데, 영업 허가증 발급일이 곧 해당 기업의 법적 설립일이 된다.

회사 설립 단계의 핵심 포인트

중국 진출 외국 투자자 중에는 중국의 토지제도를 이해하지 못해 낭패를 보는 경우가 있다. 토지의 국유화를 시행하고 있는 중국에서의 토지 사용은 우리와 매우 다르다. 이에 따라 회사 부지나 공장 건물 등의 용도로 토지를 사용하기 위해서는 먼저 중국의 토지제도에 대해 이해해야 한다.

중국의 헌법(제10조)과 토지 관리법 등에 의하면 중국 대부분 도시 지역의 토지는 국가 소유요, 농촌 지역 토지는 집체 소유이다.[5] 집체 소유 토지란, 농촌의 행정기관에게 해당 지역을 위한 공공시설이나 공익사업용, 혹은 농지나 농가 등의 용도로 사용하도록 분배된 토지를 말한다.

이와 같은 점에서 유추할 수 있듯, 중국의 토지제도는 한국과는 달리 토지 소유권의 매매나 증여 등이 원천적으로 불가능하다. 그 대신 토지 사용권을 국가로부터 '무상 분배'받거나 일정 대가를 지불하고 '유상 취득'하여 사용할 수 있다. 즉, 중국에서는 정부로부터 분배나 취득 받은 토지 사용권만이 거래나 담보 설정 등의 형태로 사용될 수 있다. 이때도 거래나 담보 등의 대상이 될 수 있는 토지는 국가가 소유한 도시부의 토지 사용권일 뿐이다. 따라서 농촌 지역(즉, 집체 소유) 토지 사용권은 원칙적으로 분배나 취득의 대상이 될 수 없다는 점에 주의해야 한다.

아울러 용도에 따라 결정되는 최장 임대 기간은 일반적으로 주거지는 70년, 공업용지는 50년 등이며 용도 이외의 목적으로는 사용할 수 없다. 임대 기한이 다하면, 일단 사용권은 소멸되고 토지 및 건물, 부속물은 국가가 무상으로 취득하게 된다.

그렇다면 농촌부에 위치한 집체 소유의 토지를 전혀 사용할 수 없는가 하면 그렇지 않다. 사용할 수 있는 방법이 있기는 있다. 예를 들면, 특정 집체 소유 토지를 사용하고자 할 때는 소유자인 향(혹은 진)과 합의, 그들의 소유권을 일단 국가로 반환하도록 하여 국가 소유로 한 다음, 다시 그것을 무상 분배나 유상 취득하는 형식으로 사용권을 취할 수 있다. 하지만 이를 위해서는, 우선 향이나 진에게 그들의 소유권 포기에 대한 정당한 대가를 지불해야 하고, 또 국가에도 사용권 취득 대가를 지불해야 하는 등 적지 않은 비용이 소요된다.

이와 같이 중국에서 토지를 사용해야 할 때는, 우선 분배나 취득이 가능한 대상의 토지에 대해, 분배나 취득을 위한 적법 절차를 통해야만 비로소 토지의 합법적 사용권을 가지게 된다는 사실을 명심해야 한다.[6] 그러면 어떻게 하면 이들의 토지 사용권을 적법하게 취득, 사용할 수 있을까? 이에는 일반적으로 다음과 같은 몇 가지 방법이 있다.

a. 합영기업에서 토지 사용권을 취득할 경우

일반적으로 중국 측 파트너에 의한 출자에는 두 가지가 있다. 먼저 토지 사용권을 합법적으로 '취득'한 중국 측 파트너가 이를 출자하려 할 때이다. 이 경우 토지 소유권에 대한 가치를 평가, 쌍방합의 하에 지분으로 참가시키면 된다. 다음으로 중국 측 파트너에게 '분배' 받은 토지 사용권이 있어 이를 출자하려 할 때인데, 일반적으로 다음과 같은 설차를 따르게 된다. 즉, 우선 관계 당국과 협력, 분배에서 취득으로 토지 사용권의 성격을 전환시킨 다음, 전술한 취득 받은 토지 사용권과 같은 방식에 따라 출자하도록 하는 것이다. 이때 소요되는 제반 경비는 일반적으로 중국 측 파트너가 부담하므로 만일의 사태에 대비, 이에 대해서도 계약서에 명시할 필요가 있다.

b. 독자기업에서 토지 사용권을 취득할 경우

독자기업이 자체 명의로 관계 당국으로부터 정당한 대가를 지불하고 토지 사용권을 취득하거나 혹은 지역에 따라서는 행정 기관이 자신이 소유한 토지 사용권을 투자 유치 차원에서 무상으로 제공하므로 이를 취득, 사용하면 된다.

c. 제3자로부터의 양도 취득

당국으로부터 적법하게 취득 받은 토지 사용권을 소유한 타인으로부터 그 권리를 구입하거나 혹은 양도받는 식으로 취득하는 것이다.

d. 임대에 의한 취득

당국으로부터 적법하게 취득 받은 토지 사용권을 소유한 타인으로부터 그 권리를 임대받아 사용하는 것이다.

한편 중국의 토지 사용권을 취득할 때는 중국 측 파트너나 혹은 기 소유한 제3자가 적법한 과정을 거쳐 정당한 '국유토지사용증'을 소유하고 있는지 확인할 필요가 있다. 다행히 확인 방법은 비교적 간단하다. 중국의 토지 사용권은 등기를 마쳐야만 발급받을 수 있기 때문이다. 따라서 해당 토지를 관할하는 토지관리국에 가서 해당 토지에 대한 적법한 토지 사용권자와 담보권 설정 여부, 임대 여부 등을 확인하면 된다.

일상 거래 단계의 핵심 포인트

중국에서 실제로 사업을 할 때 외국 투자자가 가장 힘들어하는 것은 노무 관리와 불량 채권 회수 등의 문제이다.

노무 관리 문제

먼저 노무 관리 부문. 중국의 생산 현장에서는 '~금지' '~하면 벌금 *위안' 등등의 규정이 적힌 벽보를 흔히 볼 수 있다. 붉은 글씨로 어지럽게 적힌 이러한 벽보들을 보면, 과연 이런 식으로 효율적인 노무 관리가 가능할까 하는 의문이 들 때도 있다.

한국인과 중국인은 사고방식, 관습 등이 매우 다르다. 그런데 설상가상으로 중국이 사회주의를 도입하면서 양국 간의 이와 같은 괴리는 더욱 심화되었다. 먼저 남녀노소의 평등을 부르짖는 사회주의의 '부정적' 영향으로 인해 중국인들은 상하관계에 대한 인식이 매우 희박하다. 또한 국영기업 시스템이 체질화된 그들은 직장에 대한 주인의식이나 애사심과는 거리가 멀고, 평등 분배에 익숙한 탓에 책임의식이나 근로의식이 현저히 낮다.

이에 비해 한국 기업은 엄격한 상하 관계를 토대로 치열한 경쟁이라는 '살벌한' 기업 환경을 지니고 있지 않은가. 바로 이와 같은 상이함으로 인해 한국인 경영자(관리자)와 중국인 근로자들 사이에서는 직·간접적 대립과 충돌이 심심찮게 빚어진다. 게다가 일부 몰지각한 한국인 관리자들의 편협한 세계관과 중국에 대한 몰이해 등이 더해져, 재중 외국 기업 중 한국계 기업의 노사 문제가 가장 심각하다. 실제로 한국계 기업은 중국인 근로자들이 뽑은 '외국계 기업 중 최악의 근로 환경'이라는 불명예를 떠안고 있다.

이와 같은 중국 현지 사정을 고려할 때, 성공적인 중국 진출을 위해서 우리는 노사 부문에 대해 다른 외국 기업보다 더 각별하게 신경 쓸 필요가 있다. 너무 우리식만 고집하지 말고 우리 것과 중국 것을 잘 조화, 현지에 적합한 관리 시스템을 만들려는 전향적인 자세가 필요하다. 중국 비즈니스에 있어 노사 부문은 파트너 선정 못지않게 중요한 요소임을 재인식, 중국인 근로자들을 더욱 효율적으로 잘 관리, 활용할 수 있도록 노력해야 한다. 현지에 적합한 상벌제도 마련 및 인센티브제 도입 등, 다양한 대책 마련에 더욱 적극적으로 임해야 하는 것이다. 이와 같은 맥락에서 볼 때, 위에서 언급한 어지러운 붉은 벽보도 중국식 문제에 대한 중국식 해결 방법임을 인식하고 먼저 중국인 스스로가 효율적으로 잘 해결할 수 있도록 지원하는 것이 필요하다.

아울러 중국적 생산 관리 노하우와 현지에 적합한 마케팅의 필요 및 경쟁력 저하의 한 요인이 되고 있는 모기업 파견

한국 주재원들의 감원 등의 이유로 인해 중국인 간부의 수요가 증가하고 있는 점을 고려, 이제는 '국적'에 따른 임금 차별이라는 낡은 사고에서 벗어나 능력 있고 또 회사에 필요한 인재에게는 중국인이라도 그에 합당한 대우를 한다는 사고의 전환을 꾀할 필요도 있다. 언제까지 '한국인이니까 무조건 중국인보다 낫다'는 폐쇄적 사고를 고집할 것인가. 인재 부족이 심각한 중국에서 인재 타령을 하면서도 임금 차별로 인해 기존의 인재를 떠나보내는 한국 기업이 적지 않다.

이와 같은 맥락으로, 이하에서는 중국에서의 근로자 채용에서 해고, 그리고 공회에 관한 주요 사항 등, 근로 부문의 핵심 포인트에 대해 알아보도록 한다.

a. 근로자 채용

중국에서 근로자를 채용할 때는 쌍방(회사 측과 노동자 자신) 간에 반드시 노동 계약을 체결하고 이를 관할 당국에 신고해야 한다. 일반적인 노동 계약은 시중에서 판매하는 일반 서식을 사용해도 된다. 아울러 일자리를 원하는 아동공들(16세 미만의 노동에 참여하는 소년소녀)이 적지 않은데 이들을 채용해서는 안 된다. 이들을 채용했을 때는 노동행정부서로부터 시정 명령과 함께 과중한 벌금을 부과 받을 수 있기 때문이다.

b. 일반적 보수 체계

예컨대 매월 지급하는 월급 2천 위안 등의 표면적 수치만으로 중국 근로자들의 인건비를 판단해서는 안 된다. 이러한 표면적인 수치는 실제 지급해야 할 임금의 '빙산의 일각'에 불과할 수도 있기 때문이다.

중국 근로자의 임금에는 기본임금(외자기업은 중국 기업보다 20-50% 더 지급하도록 되어 있다) 외에 사회보험이나 각종 수당이 별도로 포함된다. 이는 지역마다 조금씩 다른데 예를 들어 상하이의 경우, 외자기업은 2천 위안이라는 표면상의 기본임금 외에 약 44%에 해당하는 각종 사회보험비(양로보험 22%, 의료보험 12%, 실업보험 2%, 주택보조금 7% 등의 4대 보험과 생육보험, 산재보험 등)를 추가로 지급해야 한다. 따라서 무턱대고 기본임금이나 실질임금을 인상하게 되면, 그만큼 이들 각종 사회보험비 부담도 가중되기 때문에 임금을 결정할 때에는 이러한 점도 충분히 고려해야 한다.

c. 근로 시간의 연장

중국의 국무원 규정에 의하면, 주간 노동 시간은 40시간을 초과하지 못한다. 하지만 「노동법」 제41조는 근무 시간 연장이 필요한 경우에는 노동조합과 노동자와 협의한 뒤, 매일 1시간을 초과하지 않는 범위(특수 원인으로 더 연장할 때도 매일 3시간, 매월 36시간 초과는 불가) 내에서 가능하도록 되어 있다. 그런데 노동 시간을 연장할 때는 「노동법」 제44조에 의거, 50-300%까지 추가 임금을 지급해야 한다.

d. 노동 계약의 해제

근로자의 해고와 관련, 「노동법」 제27조에 의하면, 경영 악화로 감원할 때는 해고 30일 전에 근로자 본인에게 통지하고 노동조합에게도 그 상황을 설명하고 노동행정 부문에도 보고하도록 되어 있다. 물론 종업원의 불법 행위 등과 같은 일부 특수 상황에서는 30일 전 통지 요건과 관계없이 바로 계약을 해제(수시 해제)할 수도 있다. 아울러 계약을 해지할 때 회사는 해당 근로자의 근무 연한에 따라 1년당 1개월분(최고 12개월 초과 불가)의 임금 지급 등, 경제 보상금을 지급해야 한다. 근로자가 자발적으로 사직할 때는 보상금을 지급할 필요가 없다. 한편 다음과 같은 경우에는 노동 계약을 해제할 수 없다.

- 업무로 인해 노동력을 상실한 경우
- 질병을 얻거나 부상 중인데 규정된 의료 기간이 아직 만료되지 않았을 경우
- 여성 근로자의 임신, 해산 및 기타의 경우

e. 공회

중국의 관련 법규에 의하면, 중국에서의 노동조합, 즉 공회 설립은 사용자들의 법적 의무 사항이다. 하지만 너무 걱정할 필요는 없다. 사회주의 국가 중국의 공회는 한국의 노동조합과는 사뭇 다르기 때문이다.

중국이 개혁개방으로 달라지기 이전의 '정통' 국유기업에서는 기업 내에 중국공산당 지부가 있었고 그 총책임자인 지부의 공산당 서기가 기업 경영을 총괄하였다. 즉, 지금의 사장격인 총경리는 당 서기에게 경영 보고를 하고 지시를 받아야 했으며, 공회는 이와 같은 기업 경영을 위한 노동 부문을 총괄

하는 조직이었다. 공회의 이러한 기원으로 인해 공회가 지도부, 즉 경영진에 대해 파업이나 노동쟁의를 일으킨다는 것은 생각하기 힘들었다. 파업은커녕, 그동안 경영진(국유기업이었으므로 대부분 국가)의 대리 역할, 혹은 국가와 근로자 사이의 중계 역할을 주로 담당해왔다. 이 점이 중국 공회와 자본주의 노동조합의 가장 큰 차이점 중 하나이다.

이와 같은 차이로, 비록 지금은 자본주의 국가의 노동조합과 유사하게 바뀌고는 있지만, 여전히 공회는 근로자들의 친목 도모나 교육, 혹은 사용자 측의 의사 전달 등의 역할을 수행한다. 중국 공회의 이러한 점에 대해 잘 이해하고 적절히 활용한다면 노사 간의 의사소통이나 애사심 고양, 이를 통한 생산성 향상 등에 좋은 매개가 될 수 있다. 따라서 한국의 노동조합을 연상하여 공회에 대해 지나치게 선입견에 사로잡히거나 경계할 필요는 없다.

불량 채권 회수 문제

중국에서는 물건의 판매 호조가 곧 사업 호조로 직결되는 것은 아니다. 불량 채권, 즉 미수금 해결 문제로 인해 흑자 도산하는 기업도 적지 않기 때문이다.

과다한 불량 채권 문제는 주로 거래처에 대한 주의 부족에서 비롯된다. 이를 방지하기 위해서 항상 거래처를 예의 주시해야 한다. 또한 거래 이전과 이후의 태도가 급변하기도 한다. 이와 같은 불량 채권 문제에 빠져들지 않으려면 무엇보다도 항상 스스로가 욕심을 자제하며 또 조심해야 한다. 거래처에 대한 신원 조사도 않은 채 실적에만 급급해서는 안 된다는 것이다. 불량 채권 문제와 관련, 심심찮게 발생하는 사례가 바로 이와 같은 허점에서 비롯되는, 거래를 빙자한 사기 사건이기 때문이다. 특히 신설된 기업의 경우, 첫 거래나 단골 거래처 확보 등에 급급한 나머지 대규모로 거래하자는 미끼에 현혹되기 쉽다. 하지만 이와 같은 신규 거래는 더더욱 조심해야 한다. 실제로 투자 실패 사례를 분석해보면 신규 거래 시, 거래처의 적격성 여부를 소홀히 실사한 경우가 대부분이다. 빈번히 반복되는 이와 같은 실패를 경험하지 않으려면 거래처의 이력과 평판 등을 다각적으로 검토, 신뢰하기 힘든 부분이 있으면 단호히 거부하는 자세도 필요하다. 재삼 강조하지만, 거래를 시작하기 전에는 거래처에 대한 철저한 신용조사가 필수적이며, 일단 거래를 시작했어도 과다한 불량 채권 문제가 발생되지 않도록 수시로 거래처의 재정 상태 체크와 다양한 리스크 회피 대책을 마련해야 한다.

한편 급변하는 비즈니스 외부 환경에 의해 거래 상대방이 갑자기 사라지는 경우도 있다. 변화하는 기업 환경에 적응하기 위한 국유기업 개혁 및 변동, 거래처가 관련 기업과의 재편성이나 합병 등의 원인으로 이전되거나 사실상 소멸되는 경우가 이에 해당되는데, 이와 같은 케이스에 잘못 연루되면 채권 회수에 관하여 적지 않은 곤욕을 치르게 된다. 이를 방지하기 위해서도 중국 기업과 거래할 때는 거래처의 미세한 변화 조짐에 항상 촉각을 곤두세울 필요가 있다.

그렇다면 어떻게 하면 과다한 불량 채권을 방지할 수 있을까? 이를 위해서는 다음 사항을 항상 염두에 두어야 한다.

a. 거래처를 수시로 실사한다

중국 측과 비즈니스 관계를 맺기 위해서는 먼저 그들의 실태를 정확히 파악해야 한다. 실태 파악을 위한 가장 기초적인 방법은 중국 측에 영업 허가증 제시를 요청하는 것이다. 영업 허가증이 없다면 불법 회사이거나 문제가 있는 회사이기 때문이다. 한편 영업 허가증 제시 요청에 위조된 사본을 제시할 수도 있으므로 가능한 원본을 받아 그 진위 여부를 파악해볼 필요도 있다. 그런데 만약 중국 측이 원본 제시에 난색을 표하고 나서면, 공상행정관리국에 가서 일정한 수속을 마친 뒤 해당 기업에 대한 등기부를 열람하여 실체 여부를 확인하던가, 혹은 거래 유혹을 단호하게 뿌리치는 것도 필요하다.

그리고 일단 거래가 성사되면 이번에는 사전 통지 없이 거래처를 직접 방문, 수시로 실사할 필요도 있다. 전술한 바와 같이 급변하는 환경 속에서는 언제 어떠한 일이 발생할지 모르기 때문이다. 실제로 이와 같은 황당한 경우에 휘말려 막대한 손실을 본 기업들도 있다. 거래처를 방문할 때도 대표이사의 사무실뿐만 아니라 가급적이면 생산 현장을 직접 방문, 현장 근로자나 간부 사원들과도 이야기를 나눠보는 가운데 그들의 언행에서 거래처의 동향을 다각적으로 파악하도록 하는 것도 바람직하다.

b. 거래처의 재무 상태 확인

중국 측과 장기적으로 거래할 경우에는 그들의 총체적인 재무 상황을 확인하는 것도 좋겠다. 물론 상대방은 그들의 재무제표를 쉽게 보여주려 하지 않을 것이다. 따라서 처음에 파트너 계약 체결 시, 혹은 계약 만료로 재계약 체결 시, 쌍방의 재무제표 확인을 규정에 명기하는 것도 좋은 방법이다.

c. 중국에서의 채권 관리 기본 지침

－거래 전 신용 조사에 철저하라

위에서 줄곧 언급한 바와 같이 거래 전이나 거래 중을 막론, 상대방에 대한 신용 조사는 기본 중의 기본임을 잊어서는 안 된다. '설마' 하는 마음에 치유하기 힘든 손실을 입은 기업이 적지 않음을 항상 유념하길 바란다.

－현금 거래를 원칙으로 하라

가능한 한 처음부터 선불, 혹은 현금 거래 원칙으로 거래를 유도하라. 외상 거래가 불가피할 때도 일정액의 거래보증금을 요구하며 외상 금액의 한도를 설정해 두도록 한다. 외상 금액이 클 때는 상대방의 모회사 혹은 거래 은행의 지불 보증 등을 받도록 노력한다. 아울러 지불일 얼마 전부터 지불에 대한 주의를 자주 환기시킨다.

－유사시를 대비, 담보제도를 철저히 활용하라

내수시장을 개척하기 위해서는 중국 기업과의 거래 관계가 필요하다. 이러한 과정에서 외상 거래가 불가피할 수도 있다.

그럴 경우 채권 범위 내의 담보 확보에 최대한 힘쓰도록 하라.

— 중국적 상거래 관행을 적극 활용하라

인치에서 법치로의 전환이 급속도로 진행되고 있는 중국이지만 아직도 인치, 즉 '꽌시(關係)'를 무시할 수는 없다. 더욱이 중국은 부문별, 업종별 상거래 관행이 다를 뿐 아니라 각 지역별로도 상거래 모습도 천차만별이다. 따라서 거래처와 긴밀한 유대 관계를 강화해, 유사시 우호 관계상 함부로 할 수 없는 환경 조성도 불량 채권을 방지하는 좋은 방법 중의 하나이다.

— 당근과 채찍을 병행하라

후술하겠지만, 중국에서의 가장 효과적인 분쟁 해결 방법은 중재나 소송에 의한 법적 수단이 아니다. '법보다는 주먹이 가깝다'는 말처럼, 세련되게 정비 혹은 제정되고 있는 중국의 각종 법규라 해도 일상 비즈니스 생활과는 아직 거리가 있다. 실제로 법원에서 소송 중임에도 불구, 해당 법관조차 당사자 간의 협상을 독려하는 등 분쟁의 해결은 비 법적 수단(협상이나 조정과 같은)으로 행해지는 경우가 더 많다. 그런데 이와 같은 당근만으로 부족할 때는 소송과 강제 절차라는 강력한 법적 수단도 병행, 상대를 전 방위로 압박해 나갈 필요도 있다.

철수 고려 단계의 핵심 포인트

중국은 자국의 경제 발전을 위해 외국 투자 유치에는 적극 나서는 반면, 외국 기업의 규모 축소나 철수 등에 대해서는 비협조적인 양면성을 띠고 있다. 때문에 외국 투자자는 만일의 경우에 대비, 계약서나 정관 작성 단계에서부터 증자와 감자 및 해산이나 청산 방법, 그리고 구체적 절차 등에 대해 확실히 규정해둘 필요가 있다. 이와 같은 맥락에서, 다음에는 중국에서 비즈니스가 여의치 않아 사업 축소 혹은 철수를 고려할 때의 주요 포인트에 대해 알아보자.

다양한 경영 합리화 대책

a. 파트너의 경영 간섭 축소 및 배제

합영기업의 경우, 파트너와의 관계가 거의 모든 것을 좌우한다는 것은 이미 언급한 바 있다. 그런데 이와 같이 파트너와의 잦은 불화가 회사 운영에 지장을 초래하게 된다면? 이때는 파트너의 세력을 약화시켜 경영 간섭을 최소화시키거나, 그래도 안 되면 파트너를 아예 배제시키는 방법도 고려해야 한다.

먼저 파트너의 경영 간섭 최소화를 위해서는 증자 등의 방법을 생각해볼 수 있다. 중국에서도 자금 조달을 위한 증자는 널리 사용되고 있다. 증자 시에는 일반적으로 쌍방이 기존 지분율에 따라 동등하게 참가한다. 그런데 만약 중국 측의 재정 사정으로 한국 측만 증자하거나 또는 한국 측 증자가 기존 지분율을 상회하게 되면, 그만큼 한국 측의 입지가 강화되므로 이를 통해 한국 측은 자연스럽게 경영권을 강화할 수 있다.

한편 파트너가 출자 의무 등을 제대로 이행하지 않거나 계약서에 규정한 의무 등을 불이행(혹은 남용)함으로써 회사에

피해를 끼쳤을 때는 관할 인가 기관에 파트너의 교체를 신청할 수도 있다.

마지막으로 파트너와의 관계가 악화일로에 있어 더 이상 비즈니스를 함께 하기 곤란하면, 파트너의 배제도 고려해봄 직하다. 이를 위한 가장 일반적인 방법은 쌍방 간의 합의에 의한 파트너 측의 지분 인수이다. 하지만 이때 중국 측 파트너가 과다한 금액을 요구할 수 있으므로 이를 염두에 두고 미리 다양한 대책을 세울 필요가 있다.

b. 합자기업의 외자 혹은 합작기업으로 전환

파트너와의 불화로 회사 경영이 곤란하게 되었을 때는 합자기업을 독자기업으로 전환시키는 것도 고려해보자. 전술한 바와 같이, 외국 측 독자기업은 외부로의 경영 간섭 없이 독자적인 경영이 보장되기 때문이다. 실제로 적지 않은 외국 기업들이 중국 진출 초기 단계에는 파트너의 필요로 합영기업의 형태로 진출하지만, 기반이 다져진 뒤에는 독자기업으로 전환하기도 한다. 그런데 회사 형태를 전환하기 위해서는 반드시 파트너와의 합의 및 중국 관할 당국의 인가가 필요하며 이때는 중국 측 지분의 전부, 또는 상당 부분을 인수해야만 한다.

한편 파트너가 독자기업으로의 전환에 합의하지 않으면 합자기업을 합작기업으로 전환시키는 것도 또 하나의 옵션이다. 앞서 설명했다시피, 합작기업은 쌍방의 출자 지분율과는 무관하게 쌍방의 합의에 따른 회사 경영이 가능하기 때문이다. 즉, 파트너의 지분율은 변함이 없지만, 쌍방의 합의하에 파트너의 경영 참가를 축소시킴으로써 한국 측 경영권 강화를 실현시키는 것이다. 물론 대부분의 경우, 이를 위한 당근이 필요하다.

c. 기업 분할 및 합병

중국에서도 관할 당국의 승인을 받으면 합영기업의 분할 혹은 합병이 가능하므로 이 또한 경영 합리화의 또 다른 옵션으로 고려할 수 있다.

외자기업의 철수

일반적인 외자기업의 철수 방법으로는 지분 양도, 청산 그리고 파산의 세 가지를 생각할 수 있다.

a. 지분 양도에 의한 철수

지분 양수를 희망하는 측에 지분을 양도함으로써 투자금을 어느 정도 회수할 수 있는 것으로, 투자금의 회수라는 측면에서 볼 때 우선적으로 고려해볼 수 있는 철수 방법의 하나이다. 지분 양도를 위해서는 파트너의 동의와 이사회 전원일치에 의한 합의 및 관계 당국의 승인이 필요하다.

b. 청산에 의한 철수

청산은 회사가 완전히 해산하는 것이다. 이에 따라 해산할 회사의 잔여 재산은 주주나 채권자 등이 배분해 갖는, 이른바 '빚잔치'를 벌이게 된다. 청산은 기업 자산의 처분으로 최소한의 잔여 재산이라도 회수하려는 제도이다. 하지만 토지 사용권의 처분이나 각종 회사 자산의 처분 과정에서 적지 않은 수고가 필요하다.

그러나 외국 투자자가 결정해도 실제로는 뜻대로 잘 안 되는 것이 청산이다. 왜냐하면 ①우선 지분 양도와 마찬가지로 파트너가 청산에 동의한 뒤 이사회 전원일치에 의한 합의가 필요하고, ②관계 당국의 인가가 필요하며 주거래 관계에 있는 은행이 반대하지 않아야 하며, ③위 과정에서 필요한 모든 동의와 허가를 얻었다 해도 청산할 설비 자산을 매각, 현금화할 시장이 없을 수 있을 뿐 아니라, ④청산이 종료되면 기업의 생명인 법인격이 소멸되므로 청산 비용, 세금, 노동 계약 해제에 따른 경제 보상 등의 문제도 발생하는데, 회수 가능한 자금으로는 부족한 것이 현실이기 때문이다. 이러한 점에서, 청산으로 인한 기업 철수는 사실상 불가능하다.

c. 파산에 의한 철수

청산은 기업이 모든 채무를 변제하며 스스로 회사를 정리하는 것이다. 이에 비해 파산은 파산법에 따라 법원 결정에 의해 이뤄지는, 즉 관계 법령에 따른 기업의 사형선고와 다름없는 철수 방법이다. 파산제도는 회사가 지급 불능이나 지급 정지, 혹은 채무 초과에 빠졌을 때 주로 적용된다. 파산 처분을 위해서는 위법성 유무에 대한 엄격한 심사와 경영자의 행정 처분을 포함한 처벌 등 관련 심사가 매우 엄격하다.

한편 파산이 결정되면 법원은 채무자의 재산을 적정하게 계산, 파산법에 따라 채권자에게 분배한다. 파산을 위해서는 전술한 두 가지 철수 방법과 동일하게 파트너의 동의와 이사회 전원의 합의, 그리고 관계 당국의 인가가 필요하다.

아울러 파산 수속이 종료되면 법인격도 소멸되므로 관세 등의 추가 납부나 노동 계약 해제에 따른 근로자에 대한 경제 보상 등의 문제가 발생한다. 하지만 채무 초과로 파산에 이르게 된 만큼 이들에 대한 미지급 등이 파산을 저해하지 못한다. 다만 파산제도를 취하게 되면 향후 새로운 비즈니스를 고려할 때, 인허가를 받을 수 없게 되는 등의 후유증이 수반되므로 섣불리 사용하지 않도록 주의해야 한다. 마지막으로 파산 신청은 채권자와 채무자 모두 신청 가능하며 채권자회의 구성과 파산관재인 구성 등과 관련된 절차는 한국의 파산법과 거의 유사하다.

쉬어가기 ― 왜 그럴까 중국 비즈니스!?

― 중국 측 협상 파트너, 왜 자주 바뀌나…… ―

Q. 외국의 한 대기업은 중국의 한 국유기업과 전력 사업을 전개하기로 하였다. 이를 위해 외국 측과 중국 측이 7대 3의 비율로 출자하기로 합의, 필요한 서류를 구비한 후 관할 당국에 정식으로 사업 승인을 신청했다. 그런데 특별한 사유 없이 신청서가 반려되곤 하더니 급기야는 황당한 통지가 내려왔다. 본 사업은 중국의 중앙정부가 주도하기로 했으며 지분 참가는 중국 측이 70%, 외국 측이 30%로 바뀌으로 가능한 일인가?

A. 중국에서의 합영사업은 중국 측 파트너가 민간인처럼 보여도 실상은 그렇지 않은 경우가 많다. 이러한 현상은 특히 파트너가 국유기업일 때 두드러진다. 그 동안 협상해온 표면적 파트너와는 별도로 정부의 관할 기관이 실질적 파트너인 경우가 있기 때문이다. 본 케이스의 파트너는 국유기업으로

시 교섭 과정에서 파트너가 중국정부로 바뀌며 중국정부의 의향이 반영된 것이다. 이와 같은 황당한 상황을 예방하기 위해서는 교섭 때마다 교섭 내용을 문서화하고 상대측 교섭 담당자의 서명을 받아두도록 하자. 중국은 나름대로 문서를 중시하는 경향이 있으므로 교섭 일지로 담당자 변경에 따른 교섭 내용의 변경도 방지할 수 있기 때문이다.

중국의 '4현주의'

전 세계 기업들의 치열한 각축장인 중국에서 승자가 되려면 중국 현지 상황을 신속 정확하게 파악하여, 필요할 때 적절한 판단으로 대처할 필요가 있다. 소프트웨어뿐만 아니라 웬만한 하드웨어조차 순식간에 변화하기 때문이다. 따라서 중국이라는 최전선에서 고군분투할 야전사령관은 다음과 같은 '4현現'을 명심해야 한다.

1. 현장주의: 데스크에서 떠나라. 즉 직접 보고 듣고 느끼는 현장에서 진두지휘하라.
2. 현물주의: 필요한 원자재 등은 샘플이 아닌 현물을 직접 보고 세심하게 확인한 뒤 구입하라.
3. 현실주의: 눈앞에 전개되고 있는 현실을 직시, 상황에 맞게 신속히 결정하라.
4. 현금주의: 현금이 아닌 한 어떠한 거래 유혹도 재고하고 또 재고하라.

중국 투자의 주요 분쟁 포인트

"슬기로운 자는 미리 알아본다(愚者暗于成事, 智子見于
未萌)."

이 말은 '어리석은 자는 이미 이뤄진 일에도 밝지 못하고,
지혜로운 자는 아직 드러나지 않은 것에도 밝다'는 의미인데
이는 병법으로 유명한 손자의 '싸우지 않고 이기는' 승전 전
략과도 일맥상통한다. 즉, 승리했지만 아군의 피해 또한 적지
않은 '분전감투奮戰敢鬪형'의 승리가 아닌, 미맹未萌에 밝음으
로써 앞날을 예방, 아군의 피해를 최소화시키는 최선의 승전
유형이기 때문이다.

이는 중국 투자에도 그대로 적용된다. 즉, 중국 투자에 있어

최선의 성공을 위해서는 각종 마찰이나 대립 등의 분쟁을 최소화하는 데 힘써야 한다. 이는 중국에 대한 올바른 이해와 기존의 주요 분쟁 사례 등을 분석하는 자세에서 비롯된다.

주요 분쟁 유형

인간사에 있어 대립, 마찰, 갈등 등의 온갖 분쟁은 불가피하다. 이들 분쟁은 그 발생 원인이 다양할 뿐 아니라 비슷한 사유로 계속 반복되기도 한다. 중국 투자와 관련한 분쟁의 유형은 대략 다음과 같이 요약될 수 있다.

  a. 파트너와의 분쟁
   -파트너의 투자 지연, 부당 투자 등으로 인한 분쟁
   -파트너의 내부 문제에서 기인된 계약 불이행 혹은 계약 파기로 인한 분쟁
   -파트너의 독단적, 위법적 경영으로 인한 분쟁
   -파트너와의 관계 악화로 인한 분쟁
   -파트너와의 불분명한 역할 설정으로 인한 분쟁 등
  b. 중국인 명의의 투자로 인한 분쟁
   -조선족이나 현지인 명의를 차용, 투자(또는 이면 계약)했으나 나중에 그들이 자신의 재산권이라고 주장
   -명의 대여자가 회사 자금을 횡령하거나 회사 명의로 거액을 대출받은 후 도주
   -중국인 명의, 혹은 중국 회사 명의로 경영할 때 자주 발

생하는 과실인 해외 송금 문제

c. 노사 분쟁

－서로 다른 전통, 문화, 관습 및 업무 태도에서 기인하는 분쟁

－중국 공회와의 관계에서 빚어지는 갈등(증가 추세에 있음)

d. 회사 외부에서 빚어지는 분쟁

－회사의 업무상 접하는 거래처나 외부인과의 접촉 과정에서 빚어지는 업무 관련 분쟁

－한국인 사이의, 혹은 외국인 투자자 사이의 분쟁

e. 각종 관할 기관과의 분쟁

－투자 유치를 위해 월권이나 위법 행위를 남발하는 행정 관청과의 분쟁

－회사 업무와 관련한 각종 인허가 관련, 세금을 포함한 각종 비용 징수 관련, 관세나 외환 송금 등과 관련된 각종 관할기관과의 분쟁

f. 토지 및 토지 사용권과 관련한 분쟁

－적법하지 않은 토지 사용권을 둘러싼 분쟁

－토지 사용권 취득 및 처분 등에 관한 분쟁

－토지 사기 임대와 과다한 임대료 청구 등의 분쟁

g. 기타 분쟁

－지적재산권과 관련한 각종 분쟁

－기타, 신규 비즈니스 분야와 관련한 각종 분쟁

분쟁 발생의 주 원인

일반적으로 한국 투자자들은 한국 측의 자본, 첨단기술, 혹은 설비 출자와 중국 측의 건물, 토지 사용권 등의 출자 형식을 선호한다. 뿐만 아니라 합영회사의 설립 절차를 중국 측이 전담케 하는 경우가 많은데, 바로 이러한 과정에서 분쟁이 싹트기도 한다.

a. 중국 측과의 접촉 과정에서 발생

- 묻지마 투자형: 중국에 대한 막연한 환상에 사로잡혀 처음부터 사기에 노출되는 유형. 중국 사업의 전반을 들여다볼 수 있는 사업 타당성 검토 보고서도 제대로 작성하지 않는 등 한국 투자자에게 가장 많이 나타나는 유형.
- 일단 벌이고 본다형: 일단 소규모로 시작하니 괜찮을 것이라는 안일함에서 시작해 결국 호박넝쿨처럼 말려들어 대규모 손해로 이어지는 유형.
- 파트너 맹신형: 상대방의 호언장담을 맹신한 결과, 참담한 실패를 당하는 유형.
- 빨리빨리형: 역시 한국 투자자에게서 두드러진 유형. 중국 측은 이러한 한국인의 허점을 잘 알고 노리고 있다.

b. 계약서 작성 과정에서 발생

- 계약서상의 불명확한 규정, 무언급 등에 의해 발생: 계약서 작성 시에는 기존의 분쟁 사례를 통해 알게 된 중요 사안을 최대한 규정할 필요가 있다. 또한 계약 체결 이후

계약 변동 시에 대한 상황과 분쟁 해결 방법도 구체적으로 규정할 필요가 있다.

- 법규나 행정 규칙 등을 위반한 계약서에서 발생: 이와 관련, 중국의 지방정부들은 간혹 각종 세율 및 감면 기간 특별 우대와 같이 중앙정부가 규정한 법 규정에 어긋난 (혹은 그 범위를 벗어난) 감언이설로 투자를 유치하려는 경향이 있다. 하지만 각종 실정법이나 규칙 등을 위반하여 작성된 계약서는 원천무효이다.

- 중국어와 한국어 계약서 내용이 서로 달라서 발생: 계약서의 해석과 관련된 분쟁이 자주 발생하므로 각 번역본 내용이 동일한지 여부를 반드시 확인해야 한다.

c. 업무 활동 과정에서 발생

- 비즈니스와 관련한 중국 문화, 관습, 전통을 후진적이라 경시하여 빚어지는 분쟁: 상대방을 존중하는 기업과, 무시하는 기업이 도달하는 결과는 기존의 수많은 사례에서도 분명히 증명되고 있다.

- '명함' 추구가 지나친 우리의 왜곡된 문화에서 비롯되는 분쟁: 상대방의 명함에 따라 우리의 태도는 극명하게 달라진다. 하지만 중국은 각자의 지위에 따라 무시할 수 없는 고유의 권한을 보유하고 있다는 것을 명심해야 한다. 아울러 우리에게는 특히 명분과 실리에 대한 균형 감각이 더 필요하다. 합영기업 설립 시, 한국 측은 지위를 추구하여 동사장(이사장)을, 중국 측은 실리를 추구하여 총

경리(사장 혹은 공장장)를 맡는 경우가 많다. 그런데 총경리는 일상 업무를 총괄하는 지위이므로 중국 측은 이를 악용, 동사장 모르게 이중장부 작성 등의 부당 행위를 저지르는 경우가 있다.

－판매 실적 추구에 급급한 나머지 빚어지는 분쟁: 판매 실적 호조가 불량 채권 축적으로 이어져 흑자 도산하는 경우가 적지 않은 현실을 직시하여, 중국 측의 대금 지급 지연이나 지급 거절에 대해 충분히 대비하도록 해야 한다.

d. 편법 혹은 위법 행위 등에 의해 발생

－파트너나 현지인 종업원 등에게도 알려진 일상 업무상의 크고 작은 편법 등에 의해 발생: 이러한 편법은 이들과의 우호관계가 와해될 때 문제로 드러나는 경향이 있다. 따라서 유사시에 "브루투스, 너마저!"를 외치며 후회할 일은 처음부터 하지 않는 것이 좋다. 실제로 기존의 사례를 보면 평상시의 회계 처리 문제로 인해, 심지어는 이성 문제 등의 사적인 사안에 발목이 잡혀 호된 곤욕을 치르는 경우도 적지 않다.

－중국 법에 대한 준법정신 결여로 인해 발생: 꽌시가 중요하다고는 하지만, 최후의 보루는 법 규정임을 명심해야 한다. 이와 관련, 관할 당국에 제출한 법적 문서를 제외한 당사자 간의 비밀 이면계약 등은 무효임을 잊지 말아야 한다.

분쟁의 해결 방법

분쟁을 해결하는 일반적인 방법에는 협상, 조정, 중재와 소송의 네 가지가 있다. 그런데 일단 분쟁이 발생하면 무엇보다도 당사자 간의 대화와 양보를 통한 협상으로 해결하는 것이 최선이다. 중국 또한 오랜 역사를 거치면서 법적 해결보다는 대화와 타협이라는 원만한 방법에 익숙하기 때문이다. 이와 같이 원만한 해결이 여의치 않을 때, 비로소 중재나 소송 등의 법적 해결을 고려한다. 하지만 유념해야 할 것은 비록 소송 등의 법적 수단을 사용 중이더라도 항상 당사자 간의 대화와 타협, 혹은 제3자에 의한 조정의 길은 열어둘 필요가 있다는 점이다. 다시 말해 가능한 한 언제든지 원만한 방법으로 문제를 해결하도록 노력해야 한다는 것이다. 중재나 소송 등의 법적 해결은 그 자체로도 물적, 시간적 비용이 많이 들뿐더러 승소해도 궁극적으로는 잃는 것이 더 많을 수 있기 때문이다. 이렇게 볼 때 분쟁 해결을 위해서는 협상→조정→중재→소송의 순으로 활용해가는 것이 바람직하다.

협상

쌍방 간의 대화와 양보를 통해 협상을 이끌어내는 것이 최선의 분쟁 해결책이다. 따라서 일단 거래처나 파트너와의 사이에서 분쟁이 불가피할 것 같으면 일단 어느 정도의 손해를 감수하고, 손해의 최소화를 위해 협상에 적극 임해야 한다. 기존의 사례를 볼 때, 아무 것도 잃지 않으려 하면 오히려 더욱 많은 것을 잃는 경향이 있기 때문이다. 이러한 자세는 중재나 소송에서 외국인의 불리한 입장이나, 승소하더라도 여러 이유로 인해 실질적 법 집행이 쉽지 않은 중국의 현실을 고려할 때 더더욱 필요하다.

협상은 서둘러서는 안 된다. 그리고 협상 결과는 반드시 문서로 작성해야 한다. 또한 가능한 그 협상 내용을 이행시킬 담보를 요구해야 한다. 협상으로 인한 합의와 그 합의 사항의 이행은 별개인 경우가 많기 때문이다. 아울러 협상 내용은 강제 집행부의 공증을 받아두어야 한다. 중국의 민사소송법에 의하면, 공증 증서는 중재 결정이나 법원 판결과 동일한 효력을 지니기 때문이다.

조정

조정에는 민간 조정, 중재 조정, 법정 조정 등 세 가지가 있다. 민간 조정은 양측이 선임한 개인이나 단체에 의한 조정으로, 일단 조정이 성립되면 '조정 협의서'로 법적 효과를 부여받을 수 있다. 중재 조정이나 법정 조정은 중재나 소송이 진행되기 전 또는 후에 중재 법정 혹은 소송 법원의 주관하에 당사자들의 동의로 진행되는 것을 말한다. 여기서 알 수 있듯, 조정은 중재나 소송과 병행할 수 있다. 이 점에 착안, 소요 비용이나 향후의 전반적인 관계 등을 고려할 때, 중재나 소송이 진행되는 중에도 가능하면 조정에 의한 해결로 결말을 짓도록 유도하는 것이 바람직하다 하겠다.

중재

중재란 쌍방의 현안을 제3자인 중재 기구에 위탁하여 해결하는 것을 말한다. 중국에서도 중재 기구가 내린 판정에는 법적 구속력이 있다. 중재로 문제를 해결하려면 당사자 간에 중재로 해결한다는 합의가 필요하다. 아울러 중국의 중재 기구 뿐 아니라 국제적 중재 기구 어디에도 위탁이 가능하다. 그리고 계약서 등에 중재 기구를 지정할 때는 특정 중재 기구를 구체적으로(예를 들면 상하이 소재, 혹은 베이징 소재 중재 기구 등) 명시해야만 해당 중재 조항이 유효하다는 것을 명심해야 한다.[7]

한편 중재의 장점으로는 우선 1심 단심제에서 찾을 수 있다. 단심으로 결정이 나므로 물적·시간적 비용을 절감할 수 있고, 중재는 해당 분야의 전문가나 유경험자가 중재인으로 선정되기 때문에 당사자의 고충이나 의견이 비교적 잘 반영된다는 장점도 있다. 아울러 외국 국적을 가진 사람도 중재의 대리인이 될 수 있으므로 자국의 해당 분야 전문가를 중재 대리인으로 선임할 수 있다는 장점도 있다.

이에 비해 중재의 단점을 꼽으면 다음과 같다. 우선 중재 기구가 민간에 의한 분쟁 해결 기구라는 점이다. 즉, 민간 분쟁 해결 제도이기 때문에 구속력 있는 중재 결정이 내려진다 해도 이를 실제로 집행시킬 집행권이 없다. 이에 따라 상대방이 중재 판정을 이행하지 않을 때는 별도로 법원에 중재 판정의 승인과 집행을 요청하는 소송을 제기해야 한다. 그런데 여기에서 문제가 발생한다. 이를 접수한 중국 법원은 다양한 이유를 들어 중재 판정의 승인과 집행을 지연하거나 거부하는 경향이 있다. 중재를 통한 문제 해결에는 이와 같은 실효성의 문제가 도사리고 있다.

하지만 그럼에도 불구하고 중재는 국제 비즈니스에서 가장 보편적으로 채용되고 있다. 마찬가지로 중국에서도 소송보다 더 선호되는 방식이다. 전술한 바와 같이 간편한 절차와, 신속한 종결, 소송에 비해 적은 비용과 독립적이며 공정한 분쟁 해결 등이 가능하기 때문이다.[8]

소송[9]

중국의 민사소송제도는 4급 2심제이다. 4급이란 현급 기층인민법원, 시급 중급인민법원, 성급 고급인민법원과 중앙의 최고인민법원을 말한다. 한국은 3심 종심제인데 비해 중국은 2심 종심제를 채택하고 있다. 즉, 중국에서도 하급심 판결에 대해 불복할 의사가 있거나 혹은 하급심 판결에서 명백한 잘못이 발견되면 신소申訴나 재심을 신청할 수 있다.[10]

중국에서 소송으로 분쟁을 해결할 때는 몇 가지 점에 유의해야 한다. 먼저 중국 법원은 독립성의 부재로 인해 아직까지 그 판결의 공정성이 의심된다. 중국 법원은 법원장을 지방인민대표대회에서 임명하고 법원의 예산도 지방정부가 제공하고 있는 탓에 지방정부나 권력 기구로부터 실제적인 독립을 이루지 못하고 있다. 이에 따라 공판 시 들어오는 온갖 압력과 간섭을 배제하기 힘들다. 이러한 이유로 판결의 공정성이 도마 위에 오르게 되는 것이다.

중국 법관들의 자질 또한 여전히 문젯거리다. 다행히 최근에는 한국의 사법고시와 같은 전국적인 사법시험이 실시되고 있어 법적 소양과 능력을 지닌 법관들이 등용되고 있다. 그렇지만 불과 몇 해 전만 해도 중국의 법관이나 변호사들은 사법부와 무관한 행정 관료 출신이나 각 지방 인사로 충당되었다. 이렇게 임명된 인사들은 아직도 중국 각지 사법부에서 영향력을 행사하고 있다. 생각해보라. 이들이 과연 자신을 임명해준 유력 인사에 대해, 혹은 자신의 인사권과 예산권을 거머쥔 관할 당국에 불리한 판결을 내리거나, 불리한 변호를 할 수 있겠는가. 이처럼 중국에서의 소송은 아직도 구조적인 취약점을 지니고 있다.

다음으로는 법률 대리인, 즉 변호사와 관련된 문제이다. 중국에서도 변호사를 선임할 때는 전문성과 해결 능력 등을 최우선적으로 고려해야 한다. 하지만 그 외에 정계나 관계에 대한 로비 능력 등도 고려할 필요가 있다. 실제로 법적 능력보다는 자신의 꽌시 리스트를 펼쳐 보이며 '실력'을 과시하는 변호사도 적지 않다. 전술한 중국 사법부의 현실을 감안할 때 이 또한 무시할 수 없다.

한편 중국에서 소송을 제기할 필요가 있는 한국인들은 언어나 관습 등의 요소를 고려, 우선적으로 조선족 변호사를 찾는 경향이 있다. 그런데 법적 능력 외에 다양한 인맥 활용이나 로비 능력이 중요한 중국 내 소송에서 소수민족인 그들에게는 한족과는 달리 섭외 활동에 적지 않은 한계가 따른다. 실제로 조선족 변호사들은 일단 사안을 접수한 뒤, 다시 한족 변호사 등의 도움을 받아 일을 진행하기도 하므로 이 과정에서 물적,

시간적 비용이 처음부터 한족 변호사를 선임할 때보다 더 들게 된다. 이렇게 볼 때 법정 대리인의 고용을 거의 무작정 조선족 변호사로 한정하는 것은 한번쯤 재고할 필요가 있다.

중국에서 법적 소송을 할 때, 다음으로 지적할 사항은 비싼 소송비용이다. 중국에서도 기본 소송비용은 소송가액에 따라 달라진다. 하지만 법에 규정된 비용(현장 검증비, 감정비, 공고비, 통역비, 집행비 등) 외의 기타 비용과 비공식 비용(활동비 등의 각종 명목으로 청구됨)이 공식적 소송비용을 웃돌아, 예상치도 못한 고비용에 놀라는 경우도 없지 않다.

민사 사건에서 강제 집행상의 문제

중국에서는 법원의 승소가 바로 순조로운 문제 해결로 직결되지 않는다. 상대방이 법원 판결을 이행하지 않는 경우가 비일비재하기 때문이다. 이때는 승소한 내용의 강제 집행이라는 또 다른 난관을 돌파해야 한다. 승소 내용의 강제 집행과 관련, 대략 다음과 같은 문제점에 부딪히게 된다.

우선 지방정부의 지역보호주의에 의한 집행상의 난점을 들 수 있다. 이 점은 현재 중국의 사법 개혁과 관련해 최대 걸림돌 중 하나이기도 하다. 지방에서는 법원 소송 시, 해당 지방정부 혹은 유력 단체가 해당 지역민을 보호한다는 차원에서 법원에 집행을 지연 혹은 거부하도록 유무형의 부당한 압력을 가하는 경우가 있다. 이때 이들 단체와의 관계 속에서 살아가

야 하는 중국 법원에게 과감한 집행을 기대하기 어렵다.[11]

다음으로는 법원에서 신속한 집행을 명령하더라도 실제로 이를 집행하는 집행관의 비협조적 태도에 직면하기도 한다. 집행관 역시 해당 지역과의 다양한 인맥 속에서 살아간다. 이로 인해 집행 명령이 내려져도 다양한 이유를 들어 집행을 미루거나 피집행인과 결탁, 일부만 집행한 뒤 또다시 집행을 미루는 등 온갖 행태로 집행에 소극적으로 나오는 것이다.

세 번째 문제로는 집행관이 집행을 제대로 이행하려 해도, 이번에는 피집행인이 집행 대상 재산을 은닉하거나 혹은 피집행인 자신이 잠적하는 사태도 종종 발생한다. 중국같이 넓은 대륙에서는 같은 중국인들도 피집행인의 재산 파악이나 은신처 추적에 곤혹스러워한다. 하물며 외국인이 이들의 소재를 파악하는 일은 더더욱 어렵다. 실제로 중국에서는 재판의 상대가 개인일 경우, 재판 진행 중에 패소 가능성이 짙거나 패소한 직후, 소유 재산을 처분하고 잠적하는 경우가 종종 있는 것으로 알려져 있다. 이처럼 중국에서는 중재나 소송에서 이기고도, 집행이라는 완전 별개의 난제를 돌파해야만 한다.

이와 같은 맥락에서 일단 분쟁의 씨앗이 감지되면 처음부터 어느 정도의 손해는 불가피하다 여기고 당사자 간의 협상이나 제3자에 의한 조정에 주력하는 것이 현명하다. 중재나 소송으로 가게 되면 인내심의 한계를 시험하는 험산준령이 이어지기 때문이다.

그렇다면 이와 같은 집행상의 난제를 해결할 수 있는 방법은 무엇일까? 바로 유비무환, 즉 사전에 치밀하게 대비하는 자세에서 그것을 찾을 수 있다. 집행상의 난제에 대처하기 위해서는, 먼저 평상시의 거래에서부터 담보나 보증인 혹은 저당권 설정 등을 꾸준히 활용하는 것이다. 일이 발생하기 전부터 거래의 안전을 위해 이들 제도 등을 충분히 활용함으로써 유사시에도 효율적인 집행이 가능하도록 대비하는 것이다.

두 번째로는 평상시에 거래 상대의 재산 상태 및 그 변동 등에 대해 면밀히 파악하는 것이다. 일단 유사시에는 이들에 대해 강제 집행을 사전에 신청하는 재산보전제도를 활용할 수 있기 때문이다.

세 번째로는 형법상의 형사고발제도 등을 활용하는 것이다. 중국 형법에 의하면, 집행 능력이 있음에도 법원 판결이나 집행 명령을 거부하게 되면 3년 이하의 유기징역이나 구역 또는 벌금형에 처하게 되어 있다. 따라서 이를 다른 방법들과 함께 적절히 활용하는 것이다.

중국 비즈니스 성공을 위한 주요 체크 포인트

일상적인 대인 관계도 마찬가지지만, 비즈니스에서도 불필요한 대립이나 마찰 등을 미리 예방하는 것이 가장 중요하다. 아래에서는 분쟁 예방법, 즉 중국 비즈니스 성공을 위한 주요 체크 포인트에 대해 종합적으로 정리하도록 한다.

투자 및 거래 파트너에 대한 철저한 체크

- 투자와 관련한 유관 기관, 동종업계 종사자 혹은 전문적인 신용평가 조사 기관 등, 최대한의 정보망을 동원하여 상대를 종합적으로 파악해야 한다.

교섭에서는 조급해하지 말 것

- 교섭에는 상대방의 직함과 무관하게 성심성의로 임해야 한다.
- 교섭에서는 신뢰 관계 구축에 최선을 다해야 한다.
- 교섭에는 여유를 갖고 임해야 한다.

계약서 작성에 만전을 기할 것

- 계약서 작성 전 미리 중요하다고 생각되는 항목을 잘 정리하고, 작성 시에는 이들을 구체적으로 작성해야 한다.
- 계약서 작성 시에는 투자 형태 선정에 유념하고 분쟁 발생 시 중재 혹은 소송이라는 해결 조항을 명기해야 한다.
- 계약 주체가 확실하게 법적 권한을 지닌 자(단체)인지 확인해야 한다.
- 계약서는 적어도 한국어와 중국어의 2개 언어로 작성한 뒤 부속하는 문건도 정확하게 기재해야 한다.

합영 파트너의 출자 관계에 대한 철저한 체크

- 파트너가 투자할 자산의 담보 등의 설정 여부를 확인해

야 한다.

- 파트너가 투자한 자산이 적절한 자산 평가를 받았는지, 아울러 회계사의 검증을 거쳐 하자 없이 투자가 완료되었는지 확인해야 한다.
- 파트너의 소유권이 합영기업 명의로 잘 이전되었는지 확인해야 한다.
- 첨단기술 출자 시, 관할 당국의 적법한 인증을 거쳤는지 확인해야 한다.

토지 사용권에 관한 철저한 체크

- 토지 사용권의 해당 토지가 농업 외의 용도로 적법하게 사용 가능한지 확인해야 한다.
- 해당 토지 사용권에 각종 하자가 없는지 확인해야 한다.
- 해당 토지 사용권이 매매나 양도, 혹은 담보 설정이 가능한지 확인해야 한다.

노무 관리에 관한 각종 사항에 대한 체크

- 관할 노동 행정 당국의 노무 관리 규정을 준수해야 한다.
- 근로자 각 개인의 관계 서류를 잘 관리하며 공회와의 우호 관계 유지에 힘써야 한다.
- 현지인 근로자들에게 애사심을 바라기 전에 애사심을 갖도록 환경 조성에 더 힘써야 한다.

회계 및 재무 관련 업무에 철저할 것

─회계 및 재무 업무를 담당자 몇 명에게 일임하지 말고 스스로 정기적으로 체크해야 한다.

─회계 및 재무와 관련된 규정을 준수토록 힘써야 한다.

─회계 및 재무 관련 최신 정보 입수에 만전을 기한다.

평상시에 각종 분쟁 발생에 철저히 대비할 것

─중요한 사항이면 항상 문서로 작성, 보관해야 한다.

─중요한 사항이면 유사시의 증거로 사용되므로 확보해야 한다.

─분쟁 발생을 대비, 평상시에 각종 유관 기관과의 유대 관계 유지에 힘써야 한다.

중국 법을 알고 준수할 것

─사소한 부당 행위나 불법 행위로 인해 빌미가 잡히지 않도록 해야 한다.

─중국의 관계 법규를 무시하고 인치적 요소에만 치중하다 불명예 조기 귀국한 사례가 적지 않음을 명심해야 한다.

비즈니스 선험자 및 사례에 귀 기울일 것

─동종업계 종사자의 다양한 경험을 부지런히 입수한다.

─한국의 각종 유관 단체가 제공하는 각종 정보를 부지런히 입수한다.

해당 분야의 전문가를 최대한 활용할 것

- 평상시에 비즈니스와 유관한 각종 회계 규정이나 법규에 대해 해당 분야 전문가의 도움을 받아야 한다.
- 분쟁의 소지가 있으면 미리 전문가의 도움을 구해야 한다.

감언이설에 주의할 것

- 중국인은 상대방의 비위를 맞추는 데 천부적 소질을 타고났다고들 한다. 그러니만큼 그들의 감언이설이나 과장된 칭찬 등에 주의해야 한다.
- 중국인은 확실한 표현보다는 애매모호한 표현을 즐기므로 필요한 경우에는 확실한 표현을 받아 문서화해야 한다.

조선족도 중국인임을 명심할 것

- 조선족은 분명 우리말(그들 표현을 빌리면 연변 말)을 쓰며 우리와 문화와 전통을 공유한 한민족이다. 하지만 그들은 중국 국적을 가진 중국인이라는 점을 명심해야 한다. 중국에 대해 그들 앞에서 무의식적으로 행한 언행으로 인해 나중에 곤욕을 치른 경우도 적지 않다.

중장기적 안목으로 임할 것

- 목전의 실적보다는 장기적 관점에서 철저하게 중국인의 요구와 시장을 분석, 널리 애용되는 브랜드로 키우는 데 힘써야 한다.

중국을 사랑하며 중국인을 존중할 것

─중국 비즈니스에서 가장 중요한 요소라 할 수 있다. 있는
모습 그대로의 중국을 받아들이며 아끼고 사랑하도록 노
력해야 한다.

─비즈니스 파트너이건 근로자이건 중국인을 존중해야 존
중받으며 '윈-윈'할 수 있다는 점을 명심해야 한다.

─완전한 중국 현지 기업을 지향해야 한다.

─이윤만을 추구하는 보통 기업보다는 존경받을 수 있는
기업 브랜드를 지향해야 한다.

쉬어가기─왜 그럴까 중국 비즈니스!?

─공과 사의 개념이 적은 중국인 근로자들,
어떻게 하면 개선될까?─

Q. 중국에서 회사를 경영하는 외국 기업, 회사 도구나 비품의
잦은 도난으로 애태우는데…….

A. 사회주의 국가 중국에서 쉽게 발생하는 무책임한 '집단 책
임'의 한 전형이다. 중국인들의 공공의식은 우리와 매우 다
르다. 그들의 공공의식은 두 가지 유형으로 나뉜다. 먼저
'공공의 것은 곧 나의 것이 아니다'는 의식이 있다. 어디에
서건 쓰레기나 오물을 함부로 버리거나, 가래침마저 아랑곳
않는 모습이 이에 해당한다. 공적인 것은 내 것이 아니므로
아무렇게나 사용해도 된다는 집단적 무책임이라 할 수 있
다. 두 번째로는 '공적인 것은 곧 나의 것'이라는 의식이 그
것이다. 공공물이나 직장 비품 등은 공적인 것이며, 따라서

내가 가져가도 되는 것이라는 의식이 이에 해당한다.

이와 같은 상황에서 도난을 방지하려면 어떻게 해야 할까? 한 일본 기업은 고민 끝에 한 사원에게 어느 정도의 인센티브를 주고 도난을 방지하도록 감시하라고 시켰다. 그랬더니 도난 사고가 눈에 띄게 줄었을 뿐만 아니라 많은 다른 사원들도 그 감시 임무를 자기에게도 맡겨달라고 아우성이었다고 한다. 결국 집단 책임을 개인 책임제로 변화시키니 도난 등의 문제가 사라진 것이다.

중국 투자 실제 사례 체크 업

지금부터는 실제로 발생했던 각종 사례 중에서 시사하는 바 적지 않은 케이스를 중심으로 이해하기 쉽게 각색하여 살펴보겠다.

CASE 1. 계약서 체결 후 상황 변동을 이유로 대금 지급을 거부한 사례

사실 관계

외국의 A사(이하 외방外方)와 중국 B사(이하 중방中方)는 외방의 제품을 중방이 수입하기로 수출입 계약을 체결하였다. 물품을 1, 2, 3차에 걸쳐 중방이 지정한 항구에서 인도하는 조건이었다. 이에 따라 1차와 2차 물품을 중방 측에 전달, 중방은 제반 통관 절차를 마친 뒤 잘 수령하였다. 그러나 3차 물품의 수령을 중방이 갑자기 거절하고 나섰다.

중방 측이 내건 표면상의 거절 이유는 1, 2차분의 품질에 하자가 있다는 것이었다. 하지만 그 이면에는 시장 상황에 따른 수입 가격 변동 등의 이유로 가격을 할인받으려는 의도가 깔려 있었다.

이에 외방은 중방의 수령 거부로 인해 도착 항구에서 고액의 창고 보관비를 지불하고 있는 등의 제반 손실을 고려하여 중방의 요구에 최대한 맞춰 주며 빨리 협상을 마무리하려고 했다. 그렇지만 외방이 중방의 요구를 들어 줄수록, 중방은 외방이 수용하기 힘든 가격 할인을 요구하였다. 이에 외방은 어쩔 수 없이 계약서에 의거, 결국 베이징 국제경제무역중재위원회에 중재를 요청하기에 이르렀는데…….

결과

중재위원회는 외방의 손을 들어 주는 중재 판정을 내렸다. 중재위원회는 일부 품질의 하자는 인정하지만, 그것이 대금 지급을 거절할 만큼 충분한 사유는 될 수 없다고 적시하였다. 이와 더불어 중재위원회는 품질 하자 부분에 대한 쌍방 간의 가격 인하를 중재함과 동시에 나머지 대금의 전부와 외방의 손실금 등을 중방이 전액 부담하도록 결정하였다. 그러나 이러한 결정에 대해 중방이 불복, 외방은 다시 중국의 법원에 중재 결정에 대한 강제 집행을 신청하였다. 그러고는 여러 우여

곡절을 겪은 끝에, 사건 발생 2년이 지난 다음에야 중방이 화물 대금을 지급함으로써 사건은 일단락되었다.

시사점

위의 경우와 같이, 중방이 물품을 수령한 뒤 여러 가지 이유를 대거나 트집을 잡아 정당한 대금 지불을 지연하거나 거부하는 사례는 실제로 빈번하게 발생한다. 사소한 이유를 들어 대금을 할인받으려는 것이다.

중방으로서는 일단 물품이 이미 중국 땅에 들어와 있으므로 어떻게 해서든지 수령을 거부하며 시간을 끌면 더 손해 보는 쪽은 외방일 것이라는 계산을 하고 있는 것이다. 그리고 실제로 그들의 계산처럼 중재에서 외방 측에 유리한 결정이 나더라도 다음에는 인민법원에 집행 신청을 신청해야 하는 등 소송부터 판결과 집행까지는 적지 않은 시간이 소요되기도 한다. 이 과정에서 외방은 심신이 지치게 되며 결국 중방의 요구를 대폭 수용하거나 그들의 권리 대부분을 포기하고 만다. 중방은 바로 이런 점을 노리는 것이다.

따라서 이와 같은 마수에 빠져들지 않으려면 거래 개시 전 미리 물품 인수와 대금 지불 간의 효과적인 연결 방법 등에 대해 잘 연구해두어야 한다. 아울러 거래를 원하는 상대방이 나타났다고 기대와 흥분에 들뜰 것이 아니라, 상대방의 신원과 신용 파악 등 세심한 주의를 기울여야만 한다. '물품의 판매 증가는 곧 순조로운 대금 유입이요, 이는 곧 흑자 증대로 이어지는 것'만이 아니라는 냉정한 현실을 잊어서는 안 된다.

CASE 2. 대외 무역권 없는 회사와의 수출입 계약과 관련된 케이스

사실 관계

중국의 B사(수출입 경영권 미 보유)는 외국의 C사로부터 B사에서 필요한 생산 기계를 수입하려고 한다. 그런데 수출입 경영권이 없는 관계로 중국의 A사(수출입 경영권 보유 법인)의 도움을 받지 않을 수 없었다.

이에 중국의 A사와 B사는 협상 끝에 양자 간에 필요한 생산 기계 위탁 수입 계약을 체결한다. 이를 근거로 중국의 B사는 A사와 함께 공동 수입상 자격으로 외국 C사와의 수출입 계약을 체결하였다.

그런데 수입한 외국 C사 제품에서 품질 문제를 발견, 공동 수입상인 중국의 A사와 B사는 계약서의 품질 조항 규정에 의거하여 손해 배상을 요구하였다. 그러나 외국 C사가 이에 응하지 않자 A사와 B사는 계약서에 의거, 중재 기구에 중재를 신청하였다.

이에 대해 외국 C사는 중재 기관에 제출한 답변서에서 중국 B사의 계약서 당사자 자격에 대해 이의를 제기하고 나섰다. 즉, 중국 B사는 수출입 경영권이 없으므로 수출입과 관련한 계약의 당사자가 못 되며 이에 따라 계약서상의 중재 조항을 인용한 중재 신청권도 없다는 것이었다.

결과

외국 C사의 이의제기가 인정되어 중국 B사의 중재 요청은 기각되었다. B사는 수출입 경영권이 없고 따라서 공급물품에 대한 매매계약 당사자가 될 수 없으므로 중재 신청 권리도 없다는 C사의 주장이 받아들여진 것이다.

시사점

우선 무엇보다도 중국과의 수출입과 관련, 매매계약 등을 체결할 때는 반드시 수출입 경영권을 보유한 곳만이 가능하다는 점을 명심해야 한다. 중국 관계 당국의 규정에 의거, 적법한 수출입 권리를 부여받지 못한 중국 측과의 계약은 계약 자체가 원천무효일 수 있기 때문이다. 유사시의 중재나 소송 등도 수출입 경영권을 보유한 당사자에 한해 가능하다. 그러므로 중국 측 비즈니스 거래처를 선정할 때는 이와 같은 점을 잘 고려해야 한다.

그렇다면 본 건의 경우, 중국 B사는 어떤 절차를 거쳐 손해 배상을 받을 수 있을까? 가장 효율적인 방법으로는 위탁 수입 계약을 체결한 중국 A사를 통해 외국 C사에 손해 배상을 요청하는 것이다.

중국의 관련 규정에 의하면, 대리인(본 건의 A사)이 손해 배상에 대한 요청과 관련 서류를 접수받게 되면, 관련 규정에 따라 상대방에게 손해 배상을 요청해야 하며 그 진행 경과 등을 피대리인에게 통보하도록 되어 있다.

CASE 3. 현지 채용한 직원에 의한 사기 케이스

사실 관계

중국에서 대기업 주재원으로 다년간 근무하다가 귀국 명령을 받은 A씨. 그동안의 중국 생활에서 얻은 자신감으로 동일 업종으로 독립, C라는 회사를 설립한다. 당분간은 이전의 거래처에서 계속 주문을 받기로 했다. 그러면서도 A씨는 거래처 확보를 위해 동분서주하며 분주한 나날을 보내고 있었다.

그러던 중 신규 거래처 확보를 하기 위해서 중국어 의사소통이 불가피하여 결국 조선족 B씨를 직원으로 고용하였다. 사장이 된 A씨는 통역도 잘하고 업무 처리도 깔끔한 그녀에게 만족하며 점점 더 많은 일거리를 맡기게 되었다.

그러던 어느 날, C사는 한 거래처로부터 거액의 신규 주문을 수주하게 되었다. 때마침 A씨는 급한 일로 출장을 가게 되었고, 이에 따라 사장은 거액의 구매 대금을 B씨에게 주며 신규 주문을 혼자서 처리하도록 지시했다.

그런데 평상시에는 업무의 진행 상태를 자세히 보고하던 그녀가 거액을 수중에 지닌 채 업무를 떠맡게 되자 이렇다 할 보고가 전혀 없었다. 처음에는 업무 처리상 바쁠 것이라며 기다렸지만, 무소식인 상태로 며칠이 더 지나자 사장 A씨는 결국 중국 공안당국에 그녀를 신고하기에 이른다.

공안은 A씨에게 그녀에 대한 신상 명세를 요청하였다. 그러나 그가 제출한 것은 오로지 그녀가 제출한 이력서 한 장뿐이었다. 게다가 이력서에 기재된 그녀의 거주지는 이미 텅 빈 상태였다. 이렇게 되어 A씨는 결국 큰 손해를 혼자 감수할 수밖에 없었다.

시사점

사장 A씨의 사정은 딱하지만, 한마디로 자업자득이 아닐 수 없다. 이와 유사한 사례는 중국 비즈니스에서 이미 적지 않게 발생하였고, 또 지금도 발생하고 있다. A씨가 이와 같은 기존 사례를 좀 더 주의 깊게 살펴보았더라면, 예견된 불행을 미연에 방지할 수도 있었을 것이다.

중국에서 현지인(조선족이건 한족이건) 채용은 업종에 관계없이 대부분의 기업에서 필요하다. 그런데 현지인을 채용할 때는 채용될 사람의 신원을 잘 파악해둬야 한다. 중국에서의 인사 관리의 기본 중 기본은, 피고용인의 신분증 및 호구책 원본, 혹은 당안当案(개인 신상 자료) 등을 면밀히 체크, 필요한 것은 복사하여 잘 보관해두는 것이다. A씨는 이러한 기본 중의 기본을 간과한 것이다.

아울러 중책을 맡은 직원의 경우에는, 해당 직원의 개인 신상뿐만 아니라 가능한 한 평상시 그의 가족이나 자주 만나는 친구, 혹은 애인의 연락처나 거주지 등도 잘 파악해두어야 한다. 일단 유사시의 잠적 등에 대해 더욱 확실히 대비하기 위해서이다.

CASE 4. 팩스를 통한 계약서 체결 사례

사실 관계

1997년 12월 중국 A사가 외국 B사에게 천만 위안 상당의 제품 C를 판매키로 하였다. 이를 위해 쌍방은 우선 국제전화로 대강을 합의한 뒤, 외국 B사가 작성하고 서명 날인한 계약서를 팩스로 중국 A사에 송부하였다. A사도 이에 서명 날인하는 방법으로 계약을 체결하였다. 계약서상 제품의 인도일은 1998년 6월까지로 되어 있었다.

그런데 1998년 초, 갑자기 제품 C의 주요 원자재 가격이 급등하였다. 이에 중국 A사는 팩스에 의한 기존 계약은 정식 계약서의 요건을 충족시키지 못한 것이므로 무효라고 주장, 판매 가격을 재조정한 정식 계약서 작성을 요구하고 나섰다. 팩스에 의한 계약 체결은 복사 기술 등의 발달로 위조가 쉽기 때문에 정식 계약으로 성립할 수 없다는 것이었다.

이에 외국 B사는 팩스를 통한 계약이지만, 양측이 동의하고 서명 날인한 이상 계약은 유효하다며 계약서 규정에 의거, 중재위원회에 중재를 신청하였다.

결과

중재위원회는 계약 효력을 인정하였다. 팩스에 의한 계약이라도 쌍방의 합의 하에 팩스 방식을 사용, 양측이 실제로 서명 날인까지 하였기 때문에 정식 계약서로서 하자가 없다는 것이다. 아울러 1995년 제정된 중국의 「담보법」도 위와 같은 요건을 갖춘 팩스를 통한 계약도 유효하다고 규정하고 있다.

시사점

국제간의 비즈니스에서는 국내에서처럼 빈번히 왕래하기 힘든 것이 현실이다. 이에 따라 상호 신뢰하는 사이에서는 팩스 등을 사용하여 계약을 체결하는 경우도 있다. 이러한 사정을 감안할 때, 요건을 잘 갖춘 팩스에 의한 계약은 일단 유효하다고 할 수 있다. 하지만 요건을 잘 갖추었어도 팩스의 송수신 상태 혹은 시간의 경과에 의한 팩스 원본의 손상 등의 문제를 배제할 수 없다.

이러한 점을 고려할 때, 여러 정황상 일단 팩스로 먼저 계약을 체결했어도 추후에는 반드시 정식 서면에 의한 계약서를 작성할 필요가 있다. 아울러 중국에서도 최근에는 최고인민법원이 제정한 「민사소송 증거에 관한 약간의 규정」(2002년 4월 시행)에서는 계약서의 원본을 요구하고 있다.

쉬어가기 ─ 왜 그럴까 중국 비즈니스!?

─ 사회복지기금이 회사도 모르게 자동 이체된다? ─

Q. 중국에서 각종 완구를 생산 중인 한 외자기업은 현지인 종업원들의 양로보험을 지급하지 않았다. 그러던 어느 날, 해당 기업의 은행계좌로부터 양로보험금이 중국의 사회보험 사업기구로 자동 이체된 것을 발견하였다. 이에 해당 기업

은 회사의 동의 없는 행위에 대해 그 위법성을 호소하는 소송을 제기했는데…….

A. 중국의 관계 규정에 의하면, 매월 임금을 지급한 다음에는 수일 내에 규정된 일정 금액의 사회복지기금을 납부하게 되어 있다. 중국의 국유기업은 이와 같은 양로보험 외에 주택이나 작업복, 신발, 방한용구 등의 작업에 필요한 비품과 각종 부식품이나 조리용품, 차나 생리용품 등에 이르기까지 다양한 일상용품까지도 복리후생의 일환으로 지급해 왔다. 중국인들의 급료 수준은 낮지만 중국인들의 일상생활 수준까지 낮지 않은 까닭이 여기에 있다. 본 건의 외자기업은 이를 이행치 않고 있었는데 이를 사회보험사업기구가 강제 집행한 것이다.

이에 대해 중국 법원은 회사가 사회복지기금 등을 자진 납부하지 않으면 사회보험사업기구가 해당 기업의 예금계좌 개설은행에 위탁, 납입해야 할 금액을 강제적으로 이체할 수 있다며 소송을 각하시켰다.

CASE 5. 중국에서는 구두 합의도 유효한 계약인가

사실 관계

외국 B사는 외국 투자자가 100% 출자한 독자기업으로 중국 A사와 오랫동안 거래해온 거래처이다. 외국 B사는 1998년 12월, 새로운 업종인 피혁 생산에도 진출하기로 결정하였다. 이를 위해 중국 A사에게 필요한 생산 시설, 건축 등의 제반 절차를 위탁하기로 구두 합의, 건물 평가 및 부지에 대한 토지 사용권 매입 자금 등으로 560만 위안을 중국 A사에게 송금하였다.

이후 생산 시설이 완공되었고, 이에 따라 중국 A사는 작성된 건물 평가 및 부지에 대한 토지 사용권 감정 결과서를 B사에 제시하였다. 그 감정 결과서에 의하면 평가 금액은 560만 위안이 아닌 630만 위안이었다. 즉, 중국 A사는 공사비용이 예상보다 훨씬 더 많이 소비되었으므로 외국 B사에게 평가 차액을 지불해달라고 요청한 것이었다. 그러나 외국 B사가 독자적으로 조사한 평가 금액을 제시하며 지불에 대해 부정적 태도를 취하자, 중국 A사는 쌍방 간의 계약서를 제시하며 인민법원에 평가 차액 70만 위안과 계약 위반에 따른 위약금을 지불하도록 외국 B사를 제소하였다.

이에 대해 외국 B사는 중국 A사의 감정 평가서에 기재된 금액이 터무니없이 비싼 가격이고, 쌍방 간에는 모든 것이 구두로 진행되었고 서면 계약서를 작성한 적도 없기 때문에 계약서가 있을 수 없다고 항변하고 나섰다.

결과

법원은 중국 A사의 소송을 기각하였다. 법원은 기각 사유로 먼저 쌍방 간에는 투자 계약서가 작성된 적이 없어 A사가 제시한 계약서는 위조된 것이라고 적시하였다. 아울러 중국 A사가 주장하는 감정 결과서에 기재된 가격이 실제와 다를 수 있다는 것이다.

시사점

외국 B사는 오랫동안 거래를 지속해왔다는 이유로 중국 A 사를 과신, 새로운 사업에 대해 구두 위탁한 것인데 바로 여기 서 불씨가 비롯되었다. 물론 구두 계약도 유효한 계약임에는 틀림없다. 하지만 계약 당사자 간의 이해관계가 대립될 때는 그 진위 파악 등이 쉽지 않기 때문에 구두 계약도 가급적 서 면으로 다시 작성할 필요가 있는 것이다.

본 건에서 만약 중국 A사의 위조된 계약서가 정교하여 인 민법원에서 계약서가 존재한다고 판단했다면 외국 B사가 모 든 손실을 감수해야 했다. 이를 방지하기 위해서도 비즈니스 의 기본 중 기본인 계약서는 꼼꼼히 작성, 당사자가 각각 잘 보관해야 한다.

CASE 6. 법원이 중재 판결을 집행하지 않은 사례

사실 관계

1985년 6월에 중국 A사와 외국 B사는 합자 계약을 체결, 동년 12월에 합자기업 C사를 설립하였다. 회사 설립 시 중국 A사는 공장 건물을, 외국 B사는 현금으로 출자하였다.

설립 후 회사는 한동안 우호적인 환경에서 잘 경영되었다. 그러나 시간이 지날수록 파트너 쌍방 간의 대립이 격화, 회사 경영에도 악영향을 끼치게 되었다. 이에 외국 측 B사는 합자 기업의 청산을 결심하고, 계약서에 규정된 중재 조항에 의거하여 중재를 신청하기에 이른다.

중재위원회는 중재 과정에서 합자회사 C사의 건물이 아직 C사에게 명의 이전이 안 된 사실을 발견, 중국 A사에게 건물을 즉각 C사에게 이전하라고 명령하였다. 그리고 외국 B사는 이러한 중재 판정을 근거로 해당 인민법원에 중재 판정 집행을 신청하기도 하였다.

이에 대해 중국 A사는 자신은 해당 건물의 실제 소유권자가 아니라서 명의 이전 권리가 없다며 맞섰다.

결과

법원은 중국 A사의 승소 판결을 내렸다. 중재 판정은 집행력이 없다는 것이다.

그 이유로 법원은 중국 측 출자 대상인 토지 사용권자와 건물의 실제 소유권자는 합자회사 설립 전의 검토 사항이므로, 이를 조사했더라면 실 소유권자가 누구인지 알 수 있었다는 것이다. 그런데 이를 외국 B사가 행하지 않았기 때문에 그 책임은 결국 B사에 있다는 것이다.

시사점

일단 위 판결은 다분히 중국 측에 편파적이라 할 것이다. 그런데 아직도 사법권이 행정권으로부터 독립하지 못한 중국의 현황에 의해, 이와 같이 중국 측에 유리한 판결이 내려지는 경우가 적지 않다. 그리고 이와 같은 상황은 지방으로 갈수록 더 심해진다.

한편 인민법원의 지적에서처럼, 만약 외국 투자자가 출자 전에 최소한의 검토 사항만 확실히 하였더라도 이러한 낭패는 예방할 수 있었다. 이렇게 볼 때, 외국 투자자의 주의 부족이라는 판결 대목에는 수긍이 가기도 한다.

아울러 이 경우는 투자 유치를 위해 온갖 우호적 제스처를 취하는 중국 측이지만, 그 이면에서는 호시탐탐 외국 투자자를 노리고 있다는 점도 새삼 일깨워주는, 다시 말해 파트너 선정에 주의할 필요가 있다는 사실을 일깨우는 대표적 경우이다.

CASE 7. 대규모 바이어로 가장한 소규모 사기 행각

사실 관계

중국 상하이에 파견 나와 있는 외국 전자회사 B사의 주재원 C는 어느 날 자사 제품을 대량 구입하겠다는 전화 제의를 받는다. 대량 구매를 제안한 사람은 상하이에서 멀리 떨어진 운남雲南성에 소재한 중국 A사 구매담당 과장이었다. 그는 마침 상하이 외곽으로 출장 나와 있으므로 그곳으로 몇 종의 전자제품 샘플을 가져와 달라고 했다. 이에 영업 부진으로 의기소침해 있던 그 주재원은 대량 구매를 성사시키려는 의욕에 즉시 가겠다고 적극적으로 나섰다.

그런데 그 중국인이 다시 전화를 걸어와서는 샘플을 가능한 많이 가져오라고 한다. 이에 주재원 C는 "그렇다면 자신이 중국 회사 A로 팸플릿과 샘플을 직접 가지고 방문하겠다."고 한다. 그러자 그 중국인은 그보다는 자신이 출장 나온 김에 먼저 본 뒤, 회사로 가지고 가서 바로 계약을 체결하겠다고 한다. 이 부분에서 주재원 C씨는 미심쩍은 느낌이 들었다.

이때 주재원 C씨는 외국 기업으로서는 대수롭지 않은 금액이지만 이를 노린 사기가 적지 않다는 말을 떠올린다. 대규모 바이어를 가장하여 최신형 전자제품 샘플을 받아 잠적하거나 단지 성대한 식사 대접 등을 노린 사기, 혹은 커미션의 선 지급을 노린 사기 등이 적지 않기 때문이었다.

결국 주재원 C씨는 그 중국인 구매담당 과장에게 전화를 걸어 전자제품 샘플은 보여줄 수 있지만, 받으려면 귀사의 영업 허가증 사본을 제시해야 하는 등의 소정의 절차를 거쳐야 한다고 알려주었다. 그러자 이를 듣고 있던 그 중국인, 거친 소리와 함께 전화를 끊어버렸다.

시사점

위의 경우는 중국에서 간혹 발생하는 어처구니없는 사기행각을 각색한 것이다. 금액으로 환산하면 소액에 불과하지만 대규모 거래를 성사시킬 수 있을 것이라는 외국 기업의 기대심리를 파고든 이러한 사기행각은 종종 발생하고 있다. 그 수법도 나날이 교묘해지고 있으므로 거래 상대의 실체 여부와 그 진위 파악에 경각심을 늦춰선 안 된다. 상대 회사의 영업허가증 제시와 거래 희망처를 직접 방문하는 것은 안전한 거래를 위한 기본 사항임을 명심해야 한다.

CASE 8. 3자기업의 선택과 관련된 케이스

사실 관계

외국 회사 A는 기계 관련 부품을 생산, 판매하는 곳으로 중국에서 생산, 판매하고 외국으로도 수출하기 위해 중국 진출을 도모하고 있다. 이를 위해 A는 중국 회사 B, C와 함께 합영기업 D사를 설립하기로 결정한다. 그리고 이를 위해 A는 현금과 첨단기술을 출자하고 B는 공장 부지와 건물을, C는 유통 및 영업 부문에 대한 기존 시설 및 그동안의 각종 노하우 등을 출자하였다.

한편 D사의 동사회(이사회) 구성으로, A는 동사장으로 E를, B는 총경리로 F, C는 부총경리로 G를 파견하거나 독자적으로 선임하였고, 얼마 후 합영회사 D를 정식으로 설립, 운영하게 되었다. 그런데 총경리 F와 부총경리 G의 잦은 의견 충돌로 운영 초기부터 내부 관계가 껄끄럽지 못하였다.

그러다가 D사는 회사 발전을 위해 증자를 결정하기에 이르렀다. 하지만 C사는 재정 형편상 합영기업에서 탈퇴, 그 소유지분을 A사가 인수하고, 증자액은 A사와 B사가 각 지분에 맞게 출자하기로 합의했다.

외국 기업 A사는 C사가 탈퇴하였으므로 이제는 내부 문제 없이 비즈니스에 전념할 수 있을 것이라 생각했다. 하지만 이번에는 중국 측 파트너 B가 파견한 총경리 F와 A가 새로 선임한 부총경리 H 사이에서 불화가 발생하였다. H에 의하면 총경리 F가 독단적으로 회사를 경영하며 자금도 함부로 사용하는 등, 법인을 사유화하고 있다는 것이다. 이와 같은 내홍으로 인해 합영기업 D는 생산은 물론 수출과 중국 내수 판매도 제대로 진행시키지 못하였다.

결과

외국 기업 A는 결국 많은 손해를 무릅쓰고 중국 측 파트너 B의 지분을 또 인수, 합자기업에서 독자기업 형태로 전환, 사업을 원점에서 다시 시작할 수밖에 없었다.

시사점

중국 진출 초기에는 주로 합자기업에 의한 투자가 가장 많았다. 특히 중국으로의 내수 판매 등, 중국 시장 진출을 도모하는 기업들의 입장에선 관련 업계에 종사하며 이미 동종업계를 잘 파악하고 있는 중국 측 파트너를 찾아, 합영기업을 설립하는 것이 더욱 효율적인 진출 방법이기 때문이다.

하지만 합영기업 운영에는 또 다른 복병이 숨어있다. 바로 문화와 관습 등의 차이로 인한 중국 측 파트너와의 갈등과 대립이 그것이다. 이로 인한 기업 운영의 차질 또한 무시할 수 없기 때문이다.

이 경우가 바로 그 대표적인 예이다. 중국 시장을 목표로 진출할 경우 파트너가 필요했고, 그래서 합자기업을 설립하였다. 하지만 파트너의 선정 등에 문제가 있어 결국 손해를 볼 수밖에 없었던 것이다. 진출 전에 파트너 선정에 좀 더 주의했더라면 이와 같은 불필요한 수업료는 치르지 않아도 되었을지 모른다.

쓰라린 경험 뒤, A는 회사의 독자 경영이 가능한 독자기업으로 전환하였다. 하지만 이번에는 각 지방마다 모두 것이 천차만별인 험산준령의 중국 시장을 스스로 개척해야만 했다.

중국 내에 이렇다 할 기반이 없는 외국인 독자기업으로 중국 시장을 개척하기란 쉬운 일이 아니다. 이를 고려할 때, 파트너와의 관계에서 고전한 A사의 심정은 충분히 이해할 수 있다. 하지만 한번쯤은 더 제대로 된 파트너를 찾아, 그 쓰라린 경험을 잘 살려볼 필요가 있지 않았을까 하는 아쉬움이 남는 경우이다.

CASE 9. 물품 매매 계약 위반과 분쟁의 시효 만료

시효時效란, 국내법 및 국제법상 시간의 경과에 따라 권리가 주어지거나 소멸하는 효과를 말한다. 일반적으로 취득 시효와 소멸 시효 두 가지가 많이 사용된다. 전자는 일정 시간이 경과한 뒤 권리의 취득이 허용되는 것이고, 후자는 일정 기간 권리를 행사하지 않음으로써 권리가 소멸되는 것이다.

사실 관계

외국 A사는 중국 B사와 물품을 수입하기로 계약을 체결했다. 선적일은 1995년 7월 31일 이전으로 되어 있다.

그런데 중국 B사가 폭우와 여름장마 등의 영향으로 인해 물품 공급을 8월 중순까지로 연기해달라고 요청해왔다. 이에 외국 A사는 국내 재고 상황을 고려, 수락했다.

이후 중국 B사는 원자재 가격 상승으로 인한 수출 단가 인상을 요청, 외국 A사는 이 역시 수용 가능한 선에서 수용했다.

그런데 중국 B사가 이번에는 또 중국 현지 상황 변동 등을 이유로 선적일을 9월 이후로 재차 연기해줄 것을 요청했다. 이에 외국 A사는 일단 불가하다고 통보한다. 그러나 중국 B사가 막무가내로 자신들의 주장을 굽히지 않자, 결국 외국 A사는 2000년 8월 1일자로 중국 B사에 대해 계약 불이행에 따른 손해 배상 소송을 제기하게 되었다(준거법은 쌍방이 계약서 작성할 때 협의, 규정한 한국의 상법 규정). 이에 대해 중국 B사는 상사 분쟁의 시효 만료를 주장하고 나섰다.

결과

법원은 외국 A사의 청구를 기각, 중국 B사의 승소를 결정하였다. 법원의 청구 기각 사유는 다음과 같다. 본 소송의 준거법인 한국 상법에 의하면, 상사 분쟁의 소멸 시효 기간은 5년이며 상사 분쟁의 시효는 일반적으로 계약이 이행되지 않는 날부터 기산하는 게 원칙이다. 따라서 위 규정에 따르면 중국

B사의 마지막 선적일인 1995년 7월 31일이 시효의 기준일이 되고 시효 기간은 5년이므로 본 건에서 소송 제기가 가능한 시효는 7월 31일이 된다. 즉, 외국 A사는 2000년 7월 31일까지 소송 제기가 가능했었는데 유감스럽게도 하루 늦은 2000년 8월 1일에 소송을 제기, 결국 소멸 시효에 의해 기각된 것이다.

시사점

비즈니스는 예측 불허의 망망대해를 지나는 것과 다름없다. 비즈니스 최전선에서는 언제 어디서 어떤 일이 어떻게 발생할지 모르기 때문이다. 물론 이와 같은 예측 불가성은 그만큼 짜릿한 매력일 수도 있다. 하지만 그것도 결과가 좋았을 때의 이야기이다. 천금 같은 자기 자본을 투여한 비즈니스라면 더더욱 철저한 준비 자세가 요청되는 것이다. 그 사전 준비에는 자신의 개인적인 삶과 무관하기만 하던 관련 법률 사항 등의 파악도 포함된다.

본 건에서의 외국 A사는 선의로 일관하였지만 결국 모든 손해를 감수해야만 했다. 바로 이 점이 우리에게 시사하는 바가 적지 않다. 비즈니스 세계의 냉정함을 다시 한 번 깨닫게 하는 대목이기 때문이다. 이로써도 알 수 있듯, 인륜과 도덕이 항상 그 궤를 법과 함께하는 것은 아니다. 남의 일이라고 결코 간과해선 안 된다. 이와 같은 경우가 당신에게 전개되지 말라는 법 또한 없기 때문이다.

쉬어가기 — 왜 그럴까 중국 비즈니스!?

— 수요가 부족한데 요금을 더 올리는 중국? —

Q. 중국 측과 중국 내 호텔 경영을 목적으로 합자기업을 설립한 외국 측 파트너. 관광 요지에 건축된 합자호텔은 다른 호텔들이 속속 건설되자 숙박객이 줄어들기만 한다. 이에 외국 측은 경영난 극복의 일환으로 호텔 숙박료를 인하하자고 건의하였다. 그러나 중국 측은 오히려 요금 인상을 주장하는데…….

A. 중국은 이미 1992년의 「전인민소유제 공업기업경영 메커니즘 전환 조례」에 의해 기존의 국영기업을 국유기업으로 바꾸는 등, 기업의 경쟁력 강화와 체질 개선을 위해 박차를 가하고 있다. 그 결과 동부 연안의 대도시에서는 수요와 공급에 의해 결정되는 자본주의적 가격 결정 메커니즘이 보편화되기 시작했다. 하지만 내륙이나 중서부 지역에서는 아직도 공급형 경제 체제의 구습에서 탈피하지 못한 곳도 적지 않다. 즉, 오랜 역사 동안 지속되어 온 중국의 만성적 물자 부족, 거기에 품질에 상관없이 생산 즉시 국가가 매입, 분배해온 생산자 위주의 공급형 경제 체제가 더해진 중국이 아니던가.

오랫동안 국영기업에서 종사했던 베테랑 중국 측 파트너는 이와 같은 사회주의적 발상에 근거, 아직도 수요자는 무한하므로 가격만 인상하면 된다는 발상에서 벗어나지 못하고 있는 것이다.

중국 비즈니스 성공 & 실패의 공통점

— 성공 사례 공통점 —

- 중국을 잘 알고 리스크 대처법을 잘 준비한 기업
- 모국의 경영 기법을 중국의 현지 사정에 잘 응용, 조화시킨

기업
- 모기업에서 '중국형'에 적합한 인재를 파견한 기업
- 제품 수출형 혹은 원·부자재 현지조달 기업
- 인건비 차원에서 진출, 가격 경쟁력에 성공한 기업
- 고도의 정밀도를 요구하지 않는 업종
- 인프라 설비가 잘 갖춰진 지역에 진출한 기업

─ 실패 사례 공통점 ─
- 국내에서 기업 경영에 실패한 후 중국으로 진출한 기업
- 중국을 우습게 알고 경시하던 기업
- 노무 관리에 세심하게 주의하지 않은 기업
- 중국 측 파트너 선정에 세심히 주의하지 않은 기업
- 모기업의 경영 스타일에만 의지한 기업
- 중국을 피상적으로 알고 리스크 대처법도 없던 기업
- 고도의 정밀도가 요구되는 업종

주

1) 중국 진출에는 크게 후술할 3자기업의 설립과 같이, 법인을 설립하는 방법과 가공무역이나 기술 제휴, 판매 대리 등과 같이, 법인을 설립하지 않는 방법 두 가지가 있다. 여기서는 주로 법인 설립에 의한 진출에 대해 살펴본다.

2) 한편 합영기업과 독자기업 모두 중국 법인(즉, 중국의 관련법규에 의거하여 설립된 중국 회사)이라는 점과 유한책임(즉, 자신의 출자 한도 만큼의 유한책임)이라는 공통점이 있다.

3) 네 개 항목으로 분류되어 포함된 업종들도 다른 항목으로 바뀌어는 등의 변화가 있으므로 중국 진출 시에는 이를 잘 확인할 필요가 있다.

4) 중국에는 화비삼가貨比三價라는 말이 있다. 상품 구입 시에는 반드시 최소한 세 군데 이상의 공급자로부터 견적서를 받아서 비교한 뒤, 서로 경쟁을 시켜 자기에게 가장 이익이 되는 곳을 최종 선택한다는 것이다. 파트너 선택이나 이후의 원자재 구입 등에도 요긴하게 활용하도록 하자.

5) 여기서의 집체란, 우리나라의 향鄕(읍)이나 진鎭(면), 혹은 촌村(리) 등의 농촌부 행정조직 정도에 해당한다.

6) 이와 같은 과정을 무시하고 지방정부가 호언장담하며 집체 소유 토지의 사용을 허가하더라도 이는 유사시에 법적 보호를 받을 수 없다. 실제로 투자 유치에 혈안이 되어 있는 내륙 농촌 지역에서는 지방정부 서기가 직접 나서 서명하는 등, 그럴듯한 모습을 보이기도 하지만 여기에 현혹되어서는 안 된다. 반드시 실무 전문가의 조언을 받도록 권한다.

7) 일반적 중재 절차: 중재 협의→중재 신청→안건 수리(접수일로부터 5일 이내)→중재위원회 구성→심리(개정 30일 전 당사자에게 통지)→조정→중재 판정(중재위원회 구성일로부터 9개월 이내)→집행(인민법원에 신청 등)

8) 이로 인해 중국 국제경제무역 중재위원회(CIETAC, 국제경제무역에 관한 분쟁 관할)와 중국해사 중재위원회(해사에 관한 분쟁 관할)의 양대 기구로 구성된 중국의 섭외 중재 기구는 1956년에 설립된 이래 현재 매년 수리하는 안건 수가 세계

제1위일 정도로 발전을 거듭하고 있다.

9) 여기서는 주로 외국 투자자와 가장 밀접한 민사소송을 중심으로 살펴본다.

10) 신소는 관할 법원이나 그 상급 법원 또는 인민검찰원이나 인민대표대회 등에 할 수 있다. 이에 비해 재심 신청은 관할 법원이나 그 상급 법원에만 가능하다.

11) 이로 인해 중국의 최고인민법원은 집행과 관련된 별도의 규정을 제정, 시행하고 있기는 하지만 그래도 아직까지 집행상의 문제는 중국 사법 분야 최대 난제의 하나로 남아 있다.

참고문헌

강준영 엮음, 『중국 진출 전략 대특강』, 중앙M&B, 2003.

김희철 외, 『중국 투자 가장 알고 싶은 궁금중 100문 100답』, 중앙경제평론사, 2004.

이규철, 『중국 비즈니스 Q & A 100』, 학민사, 2003.

구본민, 『중국 진출, 이것만은 알고 하자』, 삼성경제연구소, 2003.

김희철, 『중국 투자 꽌시보다 법이 우선이다』, 중앙경제평론사, 2004.

강해순, 『중국법, 제대로 알고 떠나라』, 문원북, 2004.

김소운 외 옮김, 『중국 비즈니스 3시간 만에 OK!』, 가람기획, 2003.

한국무역협회, 『중국 비즈니스 실무가이드』, 2004.

KOTRA, 『대중국 무역 분규 사례』, KOTRA, 2002.

王巾英, 崔新健, 『中国利用外资:理论, 效益, 管理』, 北京:北京大学出版社, 2002

王允贵, 『WTO与中国贸易发展战略』, 经济管理出版社, 2002.

胡鞍钢, 『中国大战略』, 浙江人民出版社, 2002.

中田三朗, 『中国のことが漫画で3時間でマスターできる本』, 飛鳥出版社, 2002.

梶田幸雄, 『中国投資はなぜ失敗するか』, 亜紀書房, 1996.

長谷川俊明, 『中国投資の法的リスクマネジメント』, 中央経済社, 1995.

성공하는 중국 진출 가이드북

초판인쇄 2006년 5월 20일 | 초판발행 2006년 5월 25일
지은이 우수근
펴낸이 심만수 | 펴낸곳 (주)살림출판사
주소 413-756 경기도 파주시 교하읍 문발리 파주출판도시 522-2
출판등록 1989년 11월 1일 제9-210호
전화번호 영업·(031)955-1350   기획·(031)955-1370~2
        편집·(031)955-1362~3
팩스 (031)955-1355
e-mail salleem@chol.com
홈페이지 http://www.sallimbooks.com

ISBN 89-522-0513-8 04080
     89-522-0096-9 04080 (세트)

값 9,800원

나라의 대표적인 기업들이 안전, 건강, 환경 등과 같은 삶의 질의 차원에서도 모범을 보여서 우리 모두가 자랑할 수 있는 명실상부한 글로벌 기업으로 거듭나기를 기대한다.

한국 기업의 기술혁신

1판 1쇄 펴냄 | 2013년 11월 22일

지은이 | 송성수
발행인 | 김지영
발행처 | 생각의힘

등록 | 2011. 10. 27. 제406-2011-000127호
주소 | 경기도 파주시 문발동 527-2 파주출판도시
전화 | 070-7096-1331
홈페이지 | www.tpbook.co.kr
티스토리 | tpbook.tistory.com

공급처 | 자유아카데미
전화 | 031-955-1321
팩스 | 031-955-1322
홈페이지 | www.freeaca.com

ISBN   978-89-969195-7-5   04500